Uli Jörg Lotter

DER ETF-Kompass

Alles, was Sie jetzt über das Anlegen mit ETFs wissen müssen

INHALTSVERZEICHNIS

KAPITEL 1
Das erwartet Sie! 5
   Was macht einen ETF so erfolgreich? 6

KAPITEL 2
Geschichte des ETFs 8
   Die Anfänge von ETFs 8
   1976 – ein Produkt allenfalls für „Mittelmaß" 9
   Kleine Anekdote. 10
   1990 Geburtsstunde. 10
   2000 – erster ETF in Deutschland 11

KAPITEL 3
Aktives oder passives Investment. 14

KAPITEL 4
Wo Sie ETFs kaufen können 17
   Weitere Kosten - Steuern 19
   Zusammenfassung 20

KAPITEL 5
ETFs im Überblick. 22

KAPITEL 6
Die führenden Anbieter 24
   Blackrock. 24
   Vanguard. 24
   State Street (SPDR-ETF) 24

KAPITEL 7
Bauarten von ETFs 27
   Physischer ETF 27
   Synthetischer ETF 27
   Ausschüttender ETF 27
   Wiederanlegender ETF 27
   Aktien, Renten und Rohstoff-Papiere. 28
   Chancen durch Aktien-ETFs. 31
   Stabilität durch Renten-ETFs. 31
   Was genau macht ein Renten-ETF? 31
   Investieren in Rohstoffe (ETCs) 32
   Große ETF-Auswahlmöglichkeiten. 32

KAPITEL 8
Index-Anbieter 35
   MSCI 35
   Dow Jones 35
   FTSE Russell 35
   STOXX 36

KAPITEL 9
Was für ETFs gibt es? 38
   MSCI World. 38
   S&P 500. 39
   DAX 41
   ETFs für Zukunftsvisionen 42
   Künstliche Intelligenz 44
   Cloud Computing 45
   1,5 Millionen Indizes stehen zur Verfügung 47
   Vermögensstrategie in drei Phasen 47

KAPITEL 10
Auswahlmöglichkeiten 50
   Auswahl nach Anlageklassen. 50
   Themen-ETFs. 36
   Nachhaltige ETFs 62
   Strategie-ETFs 62
   Branchen-ETFs 63
   Regionen-ETFs 64
   Länder-ETF 64
   Anleihen-ETFs 64
   Rohstoff-ETFs und -ETCs 65

KAPITEL 11
Richtige Anlage 67
   Sparplan 67
   Kurzfristige Anlage 67
   Langfristige Anlage 68
   Einmalige Anlage 68

KAPITEL 12
Kritische Stimmen 72

KAPITEL 13
Nach dem Investieren – abwarten 74

KAPITEL 14
Zusammenfassung 76

KAPITEL 15
Danksagung 78

KAPITEL 16
Über den Autor 80

KAPITEL 17
Über den Verlag 82

KAPITEL 18
Impressum 88

KAPITEL 1

DAS ERWARTET SIE

Das erwartet Sie!

In den letzten Jahren haben sich die Finanzmärkte nachhaltig verändert. Dabei gab es in der Geschichte der Finanzmärkte keine so gravierende Entwicklung wie das passive Investieren mit börsengehandelten Indexfonds (ETFs). Die Abkürzung ETF steht für „Exchange Traded Funds", also börsengehandelte Fonds.

Ich möchte Ihnen diese Anlageform näherbringen und auf die Geschichte, Auswahlmöglichkeiten und Strategien eingehen - sowie einen Ausblick über die weitere Entwicklung dieser erfolgsversprechenden Anlagestrategie wagen. Ich werde Ihnen auch eine für Sie zugeschnittene ETF-Anlage präsentieren. Zusammenfassend fungiert das Buch also als ETF-Kompass, der Sie durch die Welt der Indizes leiten soll.

Sicherlich werden Sie kritisch einwenden – „noch ein Buch über ETFs?" In diesem Fall entgegne ich Ihnen, dass es mir beim Erstellen dieses Kompasses darum geht, dennoch eine Lücke zu schließen. Und zwar jene Lücke, die Ihr Vermögensberater hinterlässt, da er Ihnen die ETFs nicht empfehlen wird, weil er keine Provision dafür bekommt.

Andere ETF-Bücher beschreiben lediglich den Einstieg in diese Geldanlage. Mit geht es darum, Ihnen als möglichen Einsteiger, nicht nur das Grundwissen zu vermitteln und Sie für dieses Thema zu sensibilisieren. Ich möchte Ihnen auch die möglichen Gefahren zeigen, die durch die zunehmende Stärke der ETFs entstehen. Kurz: Ich will Ihnen einen „Rundum-Sorglos-ETF-Kompass" anbieten, der sich dem Vergleich mit anderen Publikationen zu diesem Thema durchaus stellen kann. Doch dieses Buch ist kein Lehrbuch – sondern soll Sie vielmehr unterhaltsam durch das Thema ETF führen. Denn beim Geld muss der Spaß nicht aufhören! Und in diesem Zusammenhang ist es schön, wenn Sie dieser ETF-Kompass zum sicheren Leuchtturm für eine gewinnbringende Anlage führt.

Was macht einen ETF so erfolgreich?

Die Wachstumsraten von ETFs sind beeindruckend. Diese Anlageform trägt nicht nur dazu bei, dass Sie sich zurücklehnen und Ihr Geld für Sie arbeiten lassen können – oder wie es der ehemalige US-Notenbankchef Alan Greenspan einmal grob formulierte: „Geld anlegen, in die Apotheke gehen, um Schlafmittel zu kaufen – nach längerer Schlafenszeit aufwachen und reich sein". Sie ist vielmehr eine ideale Möglichkeit auch für Einsteiger, um an den Börsen Geld zu verdienen. Und dies, ohne jeden Tag Wirtschaftsnachrichten lesen zu müssen oder auf der permanenten Suche nach einem Börsenschnäppchen zu sein.

Hinzu kommt der Vorteil, dass mit nur einem Produkt in verschiedene Regionen, Branchen oder Anlageklassen gleichzeitig investiert werden kann. Abgerundet wird das Paket noch durch die günstigen Kosten, die wesentlich niedriger sind als bei aktiv gemanagten Fonds.

Doch es gibt noch weitere Gründe: Als Anleger wissen Sie jederzeit, in welchem Bereich, Branche oder Region Sie Ihr Geld angelegt haben. Das ist bei aktiv gemanagten Fonds nicht immer der Fall. Zudem gelten ETFs als Sondervermögen. Das heißt, dass auch im Falle einer Insolvenz eines ETF-Anbieters das angelegte Kapital geschützt ist.

KAPITEL 2

GESCHICHTE DES ETFS

Geschichte des ETFs

Die Idee reicht weit zurück: Bereits Anfang des vorherigen Jahrhunderts gab es erste Überlegungen, mit einer breiten Streuung und vor allem kostengünstig zu investieren: Als eigentliche Urheber der ETF-Idee gelten Louis Bachelier und Harry Markowitz. Der französische Mathematiker Bachelier, der an der Pariser Universität Sorbonne lehrte, erforschte bereits um 1900 den Aktienmarkt und gilt heute als Begründer der Finanzmathematik. Er untersuchte die Bewegungen von Aktien – mit dem Ergebnis, dass die Chancen, den Markt zu schlagen, bei 50 % liegen. „Das Auf und Ab an der Börse ist so willkürlich wie der Schlingerkurs eines Besoffenen", so Bachalier. Zu Lebenszeiten wurde er allerdings von der Öffentlichkeit nicht beachtet. Zudem war es mehr als ungewöhnlich, sich als Mathematiker mit Aktienanalysen zu beschäftigen.

So dauerte es bis in die fünfziger Jahre, bis sich der spätere Nobelpreisträger Harry Markowitz dieser Idee erneut annahm, um eine Portfoliotheorie zu entwickeln. Sein Credo dieser Theorie: Nicht die Maximierung der Rendite sollte beim Anleger im Vordergrund stehen, sondern die Reduktion des Verlustrisikos – und dies ist nur durch eine breite Anlagestreuung möglich.

Die Anfänge von ETFs

Es dauerte aber erneut rund 20 Jahre, bis aus diesen Ideen ein erstes Produkt wurde. Die US-amerikanische Bank Wells Fargo legte zu Beginn der 70er Jahre einen ersten Indexfonds auf. Hier wollte die Bank alle handelbaren amerikanischen Aktien in einem Produkt versammeln. Eine Idee, die bis heute Bestand hat. Heute gibt es diverse Produkte, die die 500 erfolgreichsten Unternehmen der USA für Anleger bündeln. Doch dazu später mehr.

Der erste passive Indexfonds war aber nicht auf Privatanleger ausgerichtet – er war ausschließlich für institutionelle Investoren bestimmt. Zudem konnte dieses Produkt nur beschränkt gehandelt werden.

1976 – ein Produkt allenfalls für „Mittelmaß"

Erst im Jahr 1976 kam der erste passive Indexfonds als Produkt für Privatanleger auf den Markt. John Bogle und Burton Malkiel entwarfen den Vanguard 500, der schnell zum Bestseller wurde.

Burton Malkiel erregte in seinem 1973 erschienenen Buch „A Random Walk Down Wall Street" Aufsehen. Der Forscher der Princeton University nannte die Chart- und Fundamentalanalyse irreführenden Hokuspokus und betonte, dass selbst „ein Affe, der mit verbundenen Augen Dartpfeile auf eine Zeitungsseite mit Aktienkursen werfe, damit nicht schlechter abschneide als ein von Profis ausgewähltes Portfolio".

Der studierte Ökonom John Bogle prägte die Erkenntnis, dass viele Fondsmanager, die ein aktives Fondsmanagement betreiben, nur selten einen Index schlagen können. Ferner war er der Überzeugung, dass viele Privatanleger auf Grund von hohen Gebühren ein Investment in aktiv gemanagte Fonds meiden.

Leider war der Anfang des Vanguard 500 recht schwierig und holprig. Es konnten nicht viele Anleger am Anfang überzeugt werden. Ursprünglich wollte Bogle 150 Mio. US-Dollar einsammeln - am Ende kamen lediglich 11,3 Mio. US-Dollar zusammen. Hinzu kam eine Menge Kritik: Ein solcher Indexfonds sei „unamerikanisch" und würde allenfalls durchschnittliche Renditen erzielen. Bogle hielt aber an seiner Idee fest und bekam später Rückendeckung: Wirtschaftsnobelpreisträger Paul Samuelson sagte in einer Rede: „Ich stelle diese Erfindung von Bogle in eine Reihe mit der Erfindung des Rads, des Alphabets, des Gutenberg-Drucks und von Wein und Käse: ein Investmentfonds, der Bogle nie reich gemacht hat, sondern die langfristigen Renditen der Eigentümer von Investmentfonds erhöht hat – etwas Neues unter der Sonne."

Dabei kommt der Vanguard 500 dem heutigen ETF recht nahe – allerdings war dieser Fonds nicht börsennotiert. Die Anleger vertrauten dem Unternehmen das Geld zum Verwalten an. Später wurde der Fonds sehr erfolgreich. Im Jahr 2000 wurde der Vanguard S&P 500 Indexfonds zum größten Publikumsfonds der Welt gekürt. Aktuell beträgt das Fondsvolumen des Vanguard 500 Index Fund Admiral Shares (VFIAX) rund 500 Mrd. US-Dollar.

Kleine Anekdote

Bogle selbst wurde durch seine Idee nicht wirklich reich, weil er sein Geld einfach in „seiner" Anlage parkte. Dies lag aber auch an seiner Lebenseinstellung. Er mied Luxusgüter, aß mittags meist ein Erdnussbutter- und Marmeladen-Sandwich und vermied es, Geld auszugeben. Bei einem Treffen mit einem Journalisten in den neunziger Jahren soll er einmal nachgerechnet haben, dass er Geld spare, wenn er statt des Menüs für unter 6 US-Dollar die Dinge einzeln von der Karte bestellt.

Heute gilt der 2019 verstorbene Bogle als Ikone: Warren Buffett, mehrfacher Multi-Milliardär und einer der größten, lebenden Investoren schrieb in seinem jährlichen Investorenbrief einmal: „Wenn jemals eine Statue zu Ehren desjenigen errichtet wird, der am meisten für amerikanische Investoren getan hat, dann sollte Jack Bogle die eindeutige Wahl sein."

Noch deutlicher waren die Worte Buffetts nach Bogles Tod: „Jack hat mehr für amerikanische Investoren insgesamt getan als jeder andere, den ich kannte. An der Wall Street wird viel für nichts verlangt. Er verlangte nichts, um eine große Menge zu erreichen."

1990 Geburtsstunde

Wie erwähnt – Bogle entwarf ein Produkt, das dem ETF recht nahekam, aber noch immer nicht börsennotiert war. Es sollte bis zum 09. März 1990 dauern, bis auch diese Lücke geschlossen wurde. Dieses Datum gilt als Geburtsstunde des ETFs. Der kanadische Toronto 35 Index Participation Fund, bekannt als TIP, erblickte das Licht der Welt. Dieses Produkt existiert auch heute noch, befindet sich im Besitz von

BlackRock und hat ein Vermögen von knapp 9 Mrd. US-Dollar. 1993 kam die Anlageform dann auch in die USA – dort wurde der SPDR S&P 500 ETF Trust (SPY) aufgelegt – auch dieses Produkt ist noch heute handelbar und zählt mit einem Vermögen von über 200 Mrd. US-Dollar zu den größten ETFs.

2000 – erster ETF in Deutschland

Sieben Jahre später, am 11. April 2000, startete der ETF-Handel in Deutschland. Dabei waren die ersten zwei ETFs Aktien-ETFs, die europäische Leitindizes abbildeten. Der Emittent beider Produkte hieß damals Merrill Lynch International, heute gehören beide Investmentvehikel zu iShares by BlackRock. Seitdem erleben ETFs einen Boom und werden permanent weiterentwickelt und ausgebaut.

Entwicklung des weltweit in ETFs verwalteten Vermögens von 2005 bis 2020 (in Milliarden US-Dollar)

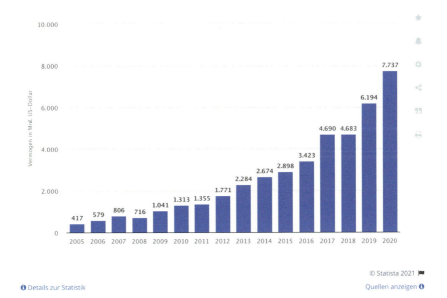

Quelle: https://de.statista.com/statistik/daten/studie/219372/umfrage/weltweit-in-etfs-verwaltetes-vermoegen-seit-1997/

Dass ETFs sich dieser zunehmenden Beliebtheit erfreuen, belegt ein Blick auf die Anbieter. Als die größten Anbieter dieser Produktpalette kontrollieren die Investmentgesellschaften BlackRock, Vanguard und State Street zusammen ein Viertel der Stimmrechte der 500 größten börsennotierten US-Unternehmen.

Ein ähnliches Bild ergibt sich auch in Deutschland. Hierzulande sind die großen Indexfondsanbieter ebenfalls durch ihre Indexprodukte bedeutende Anleger der deutschen Unternehmen geworden. BlackRocks größte Beteiligung ist mit mehr als 8 % der Wohnungskonzern Vonovia SE. Dahinter folgen die Arzneimittelhersteller Merck, Bayer, der Versicherer Münchner Rück, der Chemiekonzern BASF und die Deutsche Börse – alle mit deutlich mehr als 5 %.

Innerhalb der letzten zehn Jahre konnten die drei großen Anbieter – BlackRock, Vanguard und State Street – ihre Anteile am Aktienmarkt vervierfachen. Im Jahr 1950 hielten institutionelle Anleger wie Investmentfonds und Versicherer nur 6 % aller Anteile an Aktiengesellschaften, 2017 waren es 65 %. Damit kontrollieren die Institutionellen nun einen großen Teil der Anteile von Aktiengesellschaften. Mit anderen Worten – der Einfluss der Kleinanleger, die nicht in ETFs investieren, geht immer mehr zurück.

Das bleibt nicht ohne Folgen bei wichtigen Entscheidungen der Unternehmen: Da nicht alle Aktionäre ihre Stimmrechte auf den Hauptversammlungen wahrnehmen, schätzen die US-Ökonomen den Stimmrechtsanteil der „Drei Großen" auf über ein Viertel. Vanguard kommt mit seinen Produkten auf 11 %, BlackRock auf 8,7 % und State Street auf 5,6 % – Tendenz steigend. Es wird davon ausgegangen, dass der Stimmrechtsanteil der drei Marktführer in 10 Jahren bei 34 % und in 20 Jahren bei 41 % liegen wird.

KAPITEL 3

AKTIVES ODER PASSIVES INVESTMENT

Aktives oder passives Investment

Doch kommen wir noch einmal zum theoretischen Teil, damit Sie auch in diesen Boom-Markt investieren können. Die Fondsgesellschaft, bei der Sie den ETF erwerben, kauft im Gegenzug all jene Wertpapiere, die im dazugehörigen Index enthalten sind. In der Regel sind dies Aktien oder Anleihen. Das Ziel ist die gleiche Rendite zu erzielen, die der entsprechende Index erzielt.

Das heißt: Das Fondsmanagement versucht nicht in das Investment aktiv einzugreifen, um durch Zunahme anderer aussichtsreicher Aktien die Performance zu verbessern. Hierdurch werden Kosten gespart, weil die Auswahl des ETFs seitens des Indexanbieters bereits vorgebeben ist. Da die Fondsgesellschaft bei der Auswahl der Titel nicht eingreifen kann, wird diese Anlageform auch als passiv bezeichnet.

Diese Passivität bringt weitere Vorteile: Nicht nur, dass Fondsmanager keine Managementgebühren für die Papiere verlangen - auch die Provision für den Kauf der Papiere fällt häufig weg.

Bei einem aktiv gemanagten Fonds fallen diese Provisionen und Managementgebühren im Gegensatz zu ETFs deutlich ins Gewicht. Ein Fondsmanager versucht, bei der Auswahl der Aktien die Benchmark – also den Index – zu schlagen.

Die Folge: Die laufenden Kosten machen rund ein Siebtel der Gesamtkosten aus. Dabei stellt sich natürlich die Frage, ob diese Kosten durch eine Outperformance der aktiv gemanagten Fonds wieder ausgeglichen werden. Hier liefern Studien ein eindeutiges Ergebnis. Über einen langen Zeitraum schlagen die ETFs die Fondsmanager, da die Performance eines Vergleichsindex über mehrere Jahre hinweg in der Regel ein stabiles Wachstum aufweist. Verluste und Gewinne von Aktien sowie Bullen- und Bärenmärkte gleichen sich über diesen Zeitraum aus. Man braucht also keinen Fondsmanager, der Entscheidungen trifft.

Langfristig orientierte Anleger entscheiden sich daher für Indexfonds. Ausnahmen gibt es für den Fall, dass sich der Markt lange Zeit seitwärts bewegt oder es (kurzfristig) einen Kursrutsch gibt: In diesen

Fällen sind aktiv gemanagte Fonds erfolgreicher, da das Fondsmanagement schnell eingreifen kann und entsprechende Änderungen vornimmt. Das kann kurzfristig zum Erfolg führen. Mittel- bis langfristig gesehen führt aber an ETFs kein Weg vorbei.

Und bedingt durch die hohen Kosten beim aktiv gemanagten Fonds bleibt Ihnen beim ETF von Vornherein mehr von der eigentlichen Wertentwicklung erhalten. Kurz gesagt: Sie bekommen mehr für Ihr Geld.

KAPITEL 4

WO SIE ETF KAUFEN KÖNNEN

Wo Sie ETFs kaufen können

Da ETFs an der Börse notiert sind, können Sie diese direkt über Ihr Depot bei einer Bank erwerben. Ich empfehle Ihnen aber ein Depot bei einer Direktbank beziehungsweise einem Onlinebroker. Hier ist der Kauf ohne Depotgebühren und mit geringen Transaktionskosten verbunden.

Insgesamt gilt: Egal, ob Sie Einzelaktien oder einen ETF kaufen – es fallen immer Gebühren an. Und diese sollten Sie kennen. Aus diesem Grund stelle ich Ihnen die einzelnen Gebühren gerne vor:

Gebühr	Erklärung	Zeitraum
Depotführung	Je nach Broker für das Bereitstellen des Depots	monatlich
Ordergebühr	Beim Kauf und Verkauf eines Wertpapiers	Bei Kauf und Verkauf
Handelsplatzgebühr	Je nachdem an welcher Börse gekauft wird	Bei Kauf und Verkauf
Verwaltungsgebühr	nur bei aktiv gemanagten Fonds	Jährlich
Steuerfreibetrag	Kapitalerträge bis 801 € sind steuerfrei	–
Abgeltungssteuer	auf Erträge über 801 € werden 25 % Steuern erhoben	Bei Verkauf

Brokervergleich

Broker	Depotgebühr	Ordergebühr	mind./max	Sparplan
AGORA direct	0,00€ *wenn gehandelt wird	Fix 0,00€ + 0,12%	3,85€ / 99,00€	nicht möglich
CAP TRADER	0,00€	Fix 0,00€ + 0,10%	4,00€ / 99,00€	nicht möglich
comdirect	0,00€ *für 3 Jahre	Fix 4,90€ + 0,25%	9,90€ / 59,90€	ab 25,00€ für 1,5%
Consorsbank	0,00€	Fix 4,95€ + 0,25%	9,95€ / 69,00€	ab 25,00€ für 1,5%
DEGIRO	0,00€	Fix 2,00€ + 0,018%	2,00€ / 30,00€	nicht möglich
finanzen.net	0,00€ *bei unter 250.000€	Fix 5,00€ *zzgl. Handelsplatzgebühr	5,00€ / offen	ab 50,00€ für ab 1€
flatex	0,10% *des Depotwerts pro Jahr	Fix 5,90€ *+ 0,04% ab 40.001€	5,90€ / offen	ab 50,00€ für ab 1,50€
ING	0,00€	Fix 4,90€ + 0,25%	4,90€ / 69,90€	ab 1,00€ für 1,75%

Weitere Kosten - Steuern

Allerdings können weitere Kosten entstehen: Wertpapiere – wozu auch ETFs zählen – gelten als eine Geldanlage, die hohe Renditen versprechen. Trotz Kursrisiken bleibt am Ende sehr häufig ein Gewinn übrig und von diesem möchte der Staat etwas abhaben.

Aktien- und ETF-Gewinne sowie Dividenden müssen grundsätzlich versteuert werden – und zwar mit der sogenannten Abgeltungssteuer in Höhe von 25 % zuzüglich Solidaritätszuschlag und gegebenenfalls Kirchensteuer.

Deutsche Anleger zahlen bei Wertpapiergewinnen somit zwischen 26,38 % und 27,99 % Steuern.

Diese fallen erst beim Verkauf oder bei der Dividendenausschüttung an und werden direkt vom Broker oder der Bank einbehalten und an das Finanzamt abgeführt. Sie müssen also nicht selbst tätig werden.

Zusammenfassung

ETFs sind wie Fonds, nur, dass ausschließlich Werte eines Index aufgenommen werden ohne weitere Käufe und Verkäufe. Sie als Anleger investieren somit in eine größere Auswahl an Unternehmen. Damit wird das Risiko gestreut. Die Streuung von Investments über verschiedene Branchen, Unternehmen und Anlageklassen bezeichnet man auch als Diversifikation.

Der Vorteil: Im Vergleich zu Fonds sind die Verwaltungskosten deutlich niedriger – und Sie können so unmittelbar und schnell an den Wertsteigerungen teilhaben – ohne, dass zuvor Managementgebühren und Provisionen erwirtschaftet werden müssen, bevor Ihr Depot in die Gewinnzone vordringt.

Zusammengefasst haben die ETFs folgende Vorteile:

- Transparenz: Sie wissen jederzeit, aus welchen Werten Ihr Papier zusammengesetzt ist.
- Sie sind jederzeit handelbar.
- Sie bieten eine klare und günstige Kostenstruktur.
- Sie bekommen eine breite Streuung.
- ETFs (leider nicht ETCs) sind Sondervermögen und so bei einer Insolvenz eines Emittenten geschützt.

Nachteile:

- Herdentrieb: Das Vermögen in den ETFs ist inzwischen so groß, dass diese Kursbewegungen an der Börse verstärken können.
- Wechselkursrisiko: Da ein Investment in ETFs nicht nur ein Investment in den Heimatmarkt bedeutet, kann es zu Verschiebungen durch Wechselkurse kommen.

KAPITEL 5

ETFs IM ÜBERBLICK

ETFs im Überblick

Das Angebot an ETFs ist vielfältig. Eine Anlage ist beispielsweise in zahlreiche Aktienindizes möglich. Hierzu zählen u.a. der MSCI World – worin 1600 Aktien weltweit enthalten sind, der MSCI All Countries World Index (2750 Werte), aber auch der EuroSTOXX 50 (mit den Top 50 Werten aus Europa) und der Deutsche Aktienindex DAX sowie viele andere mehr.

Daneben gibt es spezifische Angebote, wie Dividenden-ETFs, nachhaltige ETFs, Pharma-ETFs als auch Wasserstoff- & Brennzellen-ETFs, die ich Ihnen später näher vorstellen möchte.

Abgerundet wird das Angebot durch Papiere aus dem Segment der Rohstoffe, Food / Lebensmittel und Wasser. Das Angebot ist groß und Sie als Anleger haben die Qual der Wahl. Nach der Vorstellung der Big Player der Branche und den verschiedenen Bauarten von ETFs möchte ich Ihnen die Papiere aus den verschiedenen Segmenten näherbringen.

KAPITEL 6

DIE FÜHRENDEN ANBIETER

Die führenden Anbieter

Auch wenn die Zahl der ETF-Anbieter im Wachstum begriffen ist, möchte ich Ihnen an dieser Stelle die großen Player des Segments vorstellen. Gerne stelle ich Ihnen eine Übersicht zusammen, damit Sie sehen, wem Sie Ihr Geld anvertrauen.

BlackRock

Der Unternehmenszweck von BlackRock besteht eigenen Angaben zufolge darin, immer mehr Menschen zu finanziellem Wohlergehen zu verhelfen. Als Treuhänder von Investoren und führender Anbieter von Finanztechnologie unterstützt BlackRock Millionen von Menschen beim Aufbau von Ersparnissen, die ihnen im Laufe des Lebens zugutekommen.

iShares

Das ist die ETF-Sparte von BlackRock. Sie erschließt Chancen über verschiedene Märkte hinweg, um den sich ändernden Ansprüchen von Anlegern gerecht zu werden. Der Anbieter verfügt über mehr als zwanzig Jahre Erfahrung, ein weltweites Angebot von mehr als 900 börsengehandelten Indexfonds und 2,67 Billionen US-Dollar verwaltetes Vermögen zum Stichtag 31. Dezember 2020.

Vanguard

Vanguard bezeichnet sich selbst als ein etwas anderer Fondsmanager. Die Gründung des Unternehmens im Jahr 1975 geht auf eine einfache, aber revolutionäre Idee zurück: Investmentgesellschaften sollten ihre Fonds ausschließlich im Sinne der Fondsanleger verwalten. Mit dieser Philosophie und kosteneffizienten, unkomplizierten Anlagelösungen konnten bereits Millionen Menschen weltweit ihre Ziele erreichen. Value to Investors – das ist die Devise von Vanguard.

Das verwaltete Vermögen beträgt mehr als 7 Billionen US-Dollar. Das Unternehmen hat über 192 Fonds in den USA und mehr als 233 weitere Fonds in Märkten außerhalb der USA im Portfolio.

State Street (SPDR-ETF)

SPDR ETFs ist die ETF-Sparte von State Street Global Advisors, der weltweit zu einem führenden Vermögensverwalter mit rund 3 Billionen US-Dollar Einlage zählt. State Street Global Advisors gilt mit der Auflage des ersten in den USA gelisteten ETF im Jahre 1993 als Pionier in der Branche. Seit über 25 Jahren stehen SPDR-ETFs Investoren zur Verfügung, um passive Marktsegmente effektiv und kostengünstig abzubilden.

In Deutschland sind ca. 100 ETFs von State Street Global Advisors unter dem Namen SPDR handelbar.

Natürlich kann man diese Liste noch erweitern. Allerdings weise ich Sie darauf hin, dass Sie bei einem Investment in ETFs darauf achten sollten, dass das Fondsvermögen, das bereits in den ETF investiert wurde, recht hoch ist. Das sorgt für Sicherheit, dass dieser ETF nicht kurzfristig eingestellt oder in einen anderen übertragen wird. Lediglich dieser Grundsatz ist zu befolgen. Ansonsten gibt es – was die Performance über einen längeren Zeitraum angeht – nur ganz kleine Unterschiede zwischen den einzelnen Anbietern. Von daher kann ich Ihnen keine Empfehlung geben, welchen ETF-Anbieter Sie berücksichtigen sollten.

KAPITEL 7

BAUARTEN VON ETFS

Bauarten von ETFs

Indexfonds gehen unterschiedlich an die Aufgabe heran, einen Aktienindex nachzuempfinden: Man unterscheidet zwei verschiedene

Bauarten von ETFs.

Physischer ETF - Kauft ein ETF einfach die Wertpapiere (Aktien) im Index nach, sprechen Fachleute von einem physisch replizierenden ETF. Diese sind in der Regel sehr beliebt, weil sie verständlich und transparent daherkommen: Sie als Anleger wissen immer genau, in welche Wertpapiere Sie gerade Geld investiert haben. Es kann auch vorkommen, dass ein ETF nicht alle Aktien tatsächlich kauft, sondern nur eine optimierte Auswahl (englisch optimized sampling).

Synthetischer ETF - Statt Aktien einzeln nachzukaufen, kann sich der ETF-Anbieter die gewünschte Wertentwicklung auch von einer Bank zusichern lassen. Im Gegenzug erhält die Bank einen Korb bekannter Aktien vom ETF-Anbieter. Für Sie als Anleger macht dies aber keinen Unterschied.

Auch die Art, wie Anleger an Unternehmensgewinnen (Dividenden) beteiligt werden, kann sich unterscheiden:

Ausschüttender ETF – Erwirtschaftet ein Unternehmen einen Gewinn, wird dieser regelmäßig als sogenannte Dividende an die Aktionäre ausgeschüttet. Stecken Aktien in einem Fonds, fließen die Dividenden erst an den Fonds, der diese gebündelt an die Anteilseigner ausschüttet.

Wiederanlegender ETF – Dies beschreibt einen ETF, der die Dividenden dem Fondsvermögen gutschreibt – bzw. die Summe wieder anlegt. Hier spricht man auch von einem thesaurierenden ETF.

Für Sie als Anleger ist es nahezu egal, auf welche Bauart Sie zurückgreifen. Der ausschüttende ETF hat allerdings den Vorteil, dass Sie zwischenzeitlich erste Früchte in Form der Ausschüttung einfahren können, anstatt bis zur Gewinnrealisierung durch Verkauf zu warten.

Aktien, Renten und Rohstoff-Papiere

Hätten Sie es für möglich gehalten, dass es weit mehr als 1.000 Indizes gibt, in die Sie mit einem ETF investieren können? Sicherlich kennen Sie den Deutschen Aktienindex DAX, doch selbst hier gibt es zahlreiche Untergruppen.

Natürlich möchte ich Sie mit langen Aufstellungen nicht verwirren. Ich möchte Ihnen aber zeigen, wie vielfältig das Angebot an ETFs alleine für den deutschen Markt ist. Aus diesem Grund finden Sie hier eine kurze Übersicht, in welche ETFs Sie investieren können, um unterschiedliche Branchen der deutschen Wirtschaft innerhalb der großen DAX-Familie abzudecken. Dabei möchte ich nochmals betonen, dass diese Liste nur deutsche Aktien betrifft. Die Auswahl an ausländischen Werten ist natürlich noch umfassender. Ich werde im weiteren Verlauf auf diese Auswahlmöglichkeiten eingehen.

Sie sehen, die Auswahlmöglichkeiten – allein für den deutschen Markt – sind vielfältig. Doch ich möchte Sie nicht mit Details langweilen – aus diesem Grund widme ich mich wieder den Indizes, die für Sie als Einstieg in ETFs geeignet sind:

DAX | QONTIGO — EXCHANGE TRADED PRODUCTS

	Product Type				Region				Listing			ISIN
	ETF	ETN	Future	Option	Europe	Eurozone	Americas	APAC	Global	Americas	APAC/Africa	Europe	
BLUE-CHIP INDICES													
HuB An (DAX) ETF Fund	x					x							CNE0999004Q5
iShares DAX® (DE)	x					x							DE0005933931
ComStage 1 DAX UCITS ETF	x					x							DE000ETF9017
Deka DAX® UCITS ETF	x					x							DE000ETFL011
Deka DAX® UCITS ETF Inc	x					x							DE000ETFL060
Amundi ETF DAX UCITS ETF DR	x					x							FR0010655712
Lyxor UCITS ETF DAX	x					x							LU0252633754
db x-trackers DAX UCITS ETF (DR)	x					x							LU0274211480
ComStage DAX UCITS ETF	x					x							LU0378439735
Lyxor DAX (DR) UCITS ETF EUR Dist	x					x							LU0090052436
db x-trackers DAX UCITS ETF (DR) Income	x					x							LU0838782315
db x-trackers DAX UCITS ETF (DR) - Income 2C	x					x							LU1221100792
db x-trackers DAX UCITS ETF (DR) - Income 4C	x					x							LU1221102491
Global X DAX Germany ETF	x					x							US37954Y4917
Lyxor 1 DAX 50 ESG UCITS ETF	x					x							DE000ETF9090
FDAX		x				x							
OSDX				x		x							
FDXM			x			x							
FDXV			x			x							
ODAX				x		x							
ODX1				x		x							
ODX2				x		x							
ODX4				x		x							
ODX5				x		x							
MDAX® Index													
iShares MDAX® (DE)	x					x							DE0005933923
ComStage 1 MDAX UCITS ETF	x					x							DE000ETF9074
Deka MDAX® UCITS ETF	x					x							DE000ETFL441
Lyxor UCITS ETF German Mid-Cap MDAX D-EUR	x					x							FR0011857234
Invesco MDAX UCITS ETF-EURAcc	x					x							IE00BHJYDV33
ComStage MDAX UCITS ETF	x					x							LU1033693638
F2MX			x			x							
O2MX				x		x							
TecDAX® Index													
iShares TecDAX® (DE)	x					x							DE0005933972
ComStage 1 TecDAX UCITS ETF	x					x							DE000ETF9082
FTDX			x			x							
OTDX				x		x							
SDAX® Index													
ComStage 1 SDAX UCITS ETF	x					x							DE000ETF9058

DAX | QONTIGO — EXCHANGE TRADED PRODUCTS

	Product Type				Region				Listing			ISIN
	ETF	ETN	Future	Option	Europe	Eurozone	Americas	APAC	Global	Americas	APAC/Africa	Europe	
ComStage SDAX UCITS ETF	x					x							LU0603942888
DAX® ex Financials Index													
Deka DAX® ex Financials 30 UCITS ETF	x					x							DE000ETFL433
DIVIDEND INDICES													
DivDAX® Index													
iShares DivDAX® (DE)	x					x							DE0002635273
ComStage 1 DivDAX UCITS ETF	x					x							DE000ETF9033
ComStage DivDAX UCITS ETF	x					x							LU0603933895
FDIV			x			x							
ODIV				x		x							
FDXD			x			x							
FDVO			x			x							
DAXplus Maximum Dividend Index													
Deka DAXplus® Maximum Dividend UCITS ETF	x					x							DE000ETFL235
BOND INDICES													
eb.rexx® Government Germany Index													
iShares eb.rexx(R) Government Germany (DE)	x					x							DE0006289465
iShares eb.rexx(R) Government Germany 1.5-2.5 (DE)	x					x							DE0006289473
iShares eb.rexx(R) Government Germany 2.5-5.5 (DE)	x					x							DE0006289481
iShares eb.rexx(R) Government Ger 5.5-10.5 (DE)	x					x							DE0006289499
iShares eb.rexx(R) Government Germany 10.5+ (DE)	x					x							DE000A0D8Q31
EUROGOV® Germany Index													
Deka Deutsche Boerse EUROGOV® Ger UCITS ETF	x					x							DE000ETFL177
Deka Deutsche Boerse EUROGOV® Ger 1-3 UCITS ETF	x					x							DE000ETFL185
Deka Deutsche Boerse EUROGOV® Ger 3-5 UCITS ETF	x					x							DE000ETFL193
Deka Deutsche Boerse EUROGOV® Ger 5-10 UCITS ETF	x					x							DE000ETFL201
Deka Deutsche Boerse EUROGOV® Ger 10+ UCITS ETF	x					x							DE000ETFL219
EUROGOV® France Index													
Deka Deutsche Boerse EUROGOV® Fra UCITS ETF	x					x							DE000ETFL425
REFERENCE RATES INDICES													
eb.rexx® Money Market Index													
iShares eb.rexx(R) Money Market (DE)	x					x							DE000A0Q4RZ9
EUROGOV® Germany Money Market Index													
Deka Deutsche Boerse EUROGOV® GeMoMa UCITS ETF	x					x							DE000ETFL227
STRATEGY INDICES													
LevDAX 2x Index													
L&G DAX Daily 2x Long UCITS ETF	x					x							IE00B4QNHH68
db x-trackers LevDax Daily UCITS ETF 1C	x					x							LU0411075376
LevDAX 3x Index													
Boost LevDAX® 3x Daily ETP	x					x							IE00B878KX55
Lyxor UCITS ETF LevDAX	x					x							LU0252634307
LevDAX 3x AR Index													

DAX | QONTIGO — EXCHANGE TRADED PRODUCTS

	Product Type				Region				Listing			ISIN
	ETF	ETN	Future	Option	Europe	Eurozone	Americas	APAC	Global	Americas	APAC/Africa	Europe	
Lyxor Daily LevDAX UCITS ETF EUR Dist	x					x							LU0090052600
ShortDAX Index													

Stark verbreitete Indizes

Index	Kurzbeschreibung
DAX	die größten deutsche Unternehmen
Dow Jones Asia/Pacific Select Dividend 50	50 dividendenstärkste Unternehmen aus Asien/Pazifik-Region
EURO STOXX 50	50 größte Unternehmen der Eurozone
EURO STOXX Select Dividend 30	30 dividendenstärkste Unternehmen der Eurozone
MDAX	60 deutsche Unternehmen mittlerer Marktkapitalisierung
MSCI Emerging Markets	ca. 1.400 Unternehmen aus 27 Schwellenländern weltweit
MSCI USA	ca. 620 größte Unternehmen aus den USA
MSCI World	ca. 1.600 Unternehmen aus 23 Industrieländern weltweit
Nikkei 225	225 meistgehandelte Unternehmen aus Japan
S&P 500	500 größte Unternehmen aus den USA
STOXX Europe 600	600 größte Unternehmen aus Europa
STOXX Global Select Dividend 100	100 dividendenstärkste Unternehmen aus Industrieländern weltweit
Refinitiv/CoreCommodity CRB	breiter Rohstoffindex mit 19 Rohstoffen

Später werde ich für Sie noch einmal auf einzelne Produkte eingehen und Ihnen diesbezüglich Anlagemöglichkeiten vorstellen. Doch zunächst noch ein wenig Theorie – damit Sie das Rüstzeug zum erfolgreichen ETF-Sparen erlangen.

Chancen durch Aktien-ETFs

ETFs ermöglichen es Ihnen, mit einem Wertpapier kostengünstig in ganze Märkte zu investieren. Auf Grund dieser Vielfalt sind ETFs perfekte Bausteine für die private Geldanlage. Sie bilden eins zu eins einen Marktindex nach und können – wie eine Aktie – jederzeit an der Börse gehandelt werden. Ein Indexfonds hat den großen Vorteil, dass Sie jederzeit wissen, worin Sie investiert sind.

Wie erwähnt, bestimmt ein Index die Zusammensetzung des ETFs. Nehmen wir hier beispielsweise den DAX, der auch aus dem Fernsehen bekannt ist. Der Deutsche Aktienindex (DAX) enthält die Aktien größten deutschen Aktiengesellschaften. Und mit einem ETF – d.h. mit nur einem Papier gehört Ihnen ein Teil von diesen Werten.

Stabilität durch Renten-ETFs

Renten-ETFs, häufig auch Rentenfonds genannt, investieren in Anleihen. Doch diese Fonds leiden schon seit Jahren unter den niedrigen Zinsen, sodass auf dieses Finanzprodukt derzeit kaum zurückgegriffen wird. Als Anleihen werden Wertpapiere bezeichnet, die zumeist entweder vom Staat oder von einem Unternehmen ausgegeben werden. Diese haben eine feste Laufzeit und garantieren einen festen Zins.

Was genau macht ein Renten-ETF?

Ein Renten-ETF packt eine Vielzahl von Anleihen in einen Korb zusammen. Sie haben also Ihr Investment hierdurch auf verschiedene Anleihen gestreut, die zu unterschiedlichen Zeiten auslaufen und unterschiedlich hohe Zinsen erwirtschaften. Ein Renten-ETF hat dadurch grundsätzlich den Vorteil, dass Ihr Geld sicherer angelegt ist, als wenn Sie nur in eine einzelne Anleihe investieren haben.

Der Nachteil: Da sich besonders der Euro-Raum seit einigen Jahren in einer Niedrigzinsphase befindet, gibt es bei vielen sicheren Anleihen nur noch sehr geringe Zinsen. Bei deutschen Staatsanleihen mit einer Laufzeit von zehn Jahren gab es zuletzt sogar Negativzinsen. Das heißt leider für Sie, dass Sie bei Negativzinsen einen Verlust einfahren. Ganz anders sieht es bei steigenden Zinsen aus – hier winken sichere Kurszuwächse.

Diese Form der ETFs tragen zur Absicherung Ihres gesamten Anlage-Portfolios bei. Sollte der Aktienmarkt unter Druck geraten, können Sie diese Verluste mit einem Renten-ETF etwas abfangen. Zahlreiche Experten empfehlen – trotz der anhaltenden Niedrigzinsphase – auf Renten-ETFs als Ergänzung zurückzugreifen.

Investieren in Rohstoffe (ETCs)

Mit einem Rohstoff-ETF haben Sie die Möglichkeit, kostengünstig auf breit gestreute Rohstoff-Indizes zu setzen. Allerdings gibt es keinen ETF, der nur die Wertentwicklung eines einzelnen Rohstoffes abbildet, weil ein Index stets diversifiziert sein muss.

Trotzdem können Sie Ihr Geld in Rohstoffe investieren. Hier kommen ETCs (Exchange Traded Commodities) ins Spiel. Diese Papiere gibt es auf Edelmetalle, Industriemetalle, Öl, Erdgas, Agrar-Rohstoffe und Lebendvieh. Dazu aber später mehr.

ETCs werden wie ETFs an der Börse gehandelt und bieten die gleichen Vorteile – mit einem wichtigen Unterschied: Das in ETCs investierte Kapital ist kein Sondervermögen, das im Falle einer Insolvenz des Emittenten geschützt ist. Das heißt, dass im Falle einer Insolvenz des Emittenten Ihr angelegtes Geld in die Insolvenzmasse geht und Sie möglicherweise Ihr angespartes Vermögen verlieren. Ansonsten funktioniert die Geldanlage in ETCs genauso wie bei ETFs.

Große ETF-Auswahlmöglichkeiten

Wie schon vorher erwähnt, gibt es zahlreiche ETFs – und damit Länder, Regionen, Branchen etc., in die Sie investieren können. An dieser Stelle soll ein kurzer Überblick zu einzelnen Produkten gegeben werden.

Da ETFs auf einem Index basieren, stelle ich Ihnen zunächst die großen Indexanbieter vor, damit Sie einen kurzen Einblick darüber haben, wer für die Indexzusammensetzungen verantwortlich ist.

Auf dem weltweiten Markt existieren mehr als 100 Anbieter, die Indizes entwickeln und Lizenzen darauf anbieten. Den Löwenanteil des Marktes aber teilt eine Handvoll Indexanbieter unter sich auf: MSCI als weltweit größter Anbieter, Dow Jones Standard & Poor's, Russell sowie in Europa FTSE und STOXX, an der die Deutsche Börse beteiligt ist. Die Deutsche Börse ist nicht nur dank der STOXX-Indexfamilie ein großer Indexanbieter.

Welche Macht diese Indexanbieter haben, wird allein durch die Anzahl der Produkte deutlich: Weit mehr als 1,5 Mio. Indizes werden jeden Tag berechnet. Unvorstellbare eine Million Kursbarometer sind es alleine bei S&P Dow Jones Indices. Beim Indexhauses MSCI gibt es täglich rund 200.000. Auch beim britischen Rivalen FTSE Russell und bei den Schweizer Unternehmen STOXX, das zur Deutschen Börse gehört, ist die Größenordnung ähnlich.

Alleine diese Zahlen sind beeindruckend. Noch deutlicher wird die Macht der Indexanbieter allerdings, wenn man sich die Anzahl der weltweit gehandelten Aktien anschaut. Dies sind rund 35.000 Unternehmen. Mit anderen Worten – 35.000 Unternehmen werden in rund 1,5 Mio. Indizes berücksichtigt.

KAPITEL 8

INDEX-ANBIETER

Index-Anbieter

Nachdem ich Ihnen vor kurzem die ETF-Anbieter näher vorgestellt habe, möchte ich dieses jetzt mit den Index-Anbietern machen. Der Hintergrund für diese Aufstellung ist, dass Sie mit einem ETF in Indizes investieren. Und da macht es durchaus Sinn, zu wissen, wer das Fundament Ihres Investments zusammenstellt.

Schauen wir uns einmal die größten Indexanbieter näher an.

MSCI

MSCI ist ein führender Anbieter von Tools und Dienstleistungen für die globale Investment-Community.

Die Kunden profitieren von über 50 Jahren Erfahrung in Forschung, Daten und Technologie. Sie treffen somit bessere Anlageentscheidungen, weil sie dazu befähigt werden, die wichtigsten Risiko- und Renditetreiber zu verstehen, zu analysieren und mit Zuversicht effektivere Portfolios aufzubauen.

Bei MSCI werden täglich 200.000 Indizes berechnet. Auf der Internetseite kann eine Zusammenfassung der Indexperformance von rund 3.000 der beliebtesten Indizes eingesehen werden.

Dow Jones

2012 haben sich S&P Indices und Dow Jones Indices zum zweitgrößten Indexprovider vereint und kalkulieren mehr als eine Million Indizes täglich. Dazu zählen mit dem Dow Jones Industrial Average und dem S&P 500 die zwei bedeutendsten Börsenbarometer der Wall Street, des wichtigsten Finanzplatzes der Welt. Der Dow Jones Industrial Average wird seit 1896 berechnet und ist somit das älteste Kursbarometer.

FTSE Russell

Dieser Indexanbieter befindet sich vollständig im Besitz der Londoner Börse und zählt ebenfalls zu den führenden globalen Indexbietern, Er entwickelt und betreibt vielfältige Indizes, Daten- und Analyselösungen. Damit wird er den Kundenbedürfnissen über Anlageklassen, Stile und Strategien hinweg gerecht.

STOXX

STOXX Ltd. (STOXX) gilt als ein renommierter und weltweit führender Anbieter von innovativen Indexkonzepten mit europäischen Wurzeln. Die Einführung der ersten STOXX-Indizes im Jahr 1998, darunter der EURO STOXX 50-Index, markierte den Beginn einer Erfolgsgeschichte, die auf der Neutralität und Unabhängigkeit des Unternehmens basiert.

Seitdem nahm STOXX eine federführende Rolle bei Marktentwicklungen ein und hat sein Portfolio aus innovativen Indizes mit einer großen und stetig wachsenden Palette an Smart-Beta-, Strategie- und Themenindizes kontinuierlich erweitert. STOXX ist inzwischen weltweit in allen Anlageklassen aktiv.

Das Indexangebot von STOXX deckt über 60 Länder ab; die Indizes sind an mehr als 500 Unternehmen in über 30 Ländern lizenziert. Zu diesen Indizes, die berechnet und vertrieben werden, gehört auch die Indexfamilie rund um den Deutschen Aktienindex DAX.

KAPITEL 9

WAS FÜR ETFS GIBT ES?

Was für ETFs gibt es?

Nach diesen Grundlagen geht es jetzt ans Eingemachte: Die populärsten ETFs, beziehungsweise die Indizes, auf denen die ETFs basieren, möchte ich Ihnen im folgenden vorstellen. Diese könnten die Basis eines erfolgreichen ETF-Depots bilden und sind hervorragend geeignet, um für das Alter vorzusorgen.

MSCI World

Aktuell stehen Ihnen 17 ETFs für eine Anlage in den MSCI World zur Verfügung. Für diesen Index werden die jeweils größten Unternehmen gemessen am Börsenwert aus den einzelnen Ländern ausgewählt. Dabei darf die Marktkapitalisierung festgelegte Grenzen nicht unterschreiten. Zudem müssen die jeweiligen Aktien in einem ausreichenden Umfang gehandelt werden. Die Zusammensetzung des MSCI World überprüft der Indexanbieter quartalsweise. Dann können neue Unternehmen in den Index aufsteigen, andere werden herausgenommen.

Der Wert des MSCI World wird fortlaufend einmal pro Minute ermittelt.

Der MSCI World startete am 31. Dezember 1969 mit einem Basiswert von 100 Punkten.

Während der Ölkrise von 1973 und der weltweiten Rezession von 1974 sank er um 45,7 % auf sein Allzeittief von 73,15 Punkten, das er am 10. Dezember 1974 erreichte. Im Frühjahr 2021 notierte der Index auf einem Allzeithoch bei knapp 3.000 Punkten.

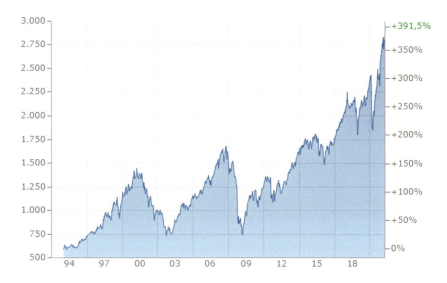

Quelle: finanzen.net

Und so können Sie von der Entwicklung profitieren:

Der iShares Core MSCI World UCITS ETF USD (Acc) investiert in Aktien mit einem weltweiten Fokus. Die Dividendenerträge im Fonds werden reinvestiert (thesauriert). Der MSCI World ermöglicht ein breit gestreutes und kostengünstiges Investment in ungefähr 1.586 Aktien.

Die Gesamtkostenquote liegt bei 0,20 % p.a.. Die Wertentwicklung des Index wird im Fonds durch eine Auswahl der Indexbestandteile nachgebildet (Sampling Verfahren). Der iShares Core MSCI World UCITS ETF USD (Acc) ist ein sehr großer ETF mit einem Fondsvolumen von 28 Mrd. Euro. Der ETF ist über 5 Jahre alt und wird in Irland aufgelegt.

S&P 500
Standard & Poor's 500

Der von Standard & Poor's veröffentlichte Index beinhaltet die Aktien von 500 der größten börsennotierten US-amerikanischen Unternehmen. Der S&P 500 ist nach Marktkapitalisierung gewichtet. Er zählt zu den meistbeachteten Aktienindizes und dient als Benchmark für institutionelle Anleger.

Am 4. März 1957 begründete Standard & Poor's diesen Index und berechnete diesen bis 1928 (tägliche Kurse), bis 1918 (wöchentliche Kurse) sowie bis 1789 (monatliche Kurse) zurück. Als Basisjahre für die Berechnung dienten die Jahre 1941 bis 1943 mit einem Startwert von zehn Indexpunkten.

S&P 500 seit 1991

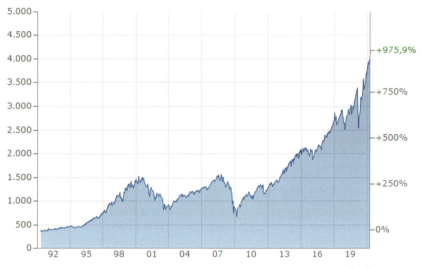

Quelle: finanzen.net

Und so können Sie von der Entwicklung profitieren:

Der iShares Core S&P 500 UCITS ETF (Acc) investiert in diesen Index. Dabei werden die Dividendenerträge im Fonds reinvestiert (thesauriert). Der S&P 500® ermöglicht ein breit gestreutes und kostengünstiges Investment in 500 Aktien. Die Gesamtkostenquote liegt bei 0,07 % p.a.. Die Wertentwicklung des Index wird im Fonds durch Erwerb der Indexbestandteile nachgebildet (Vollständige Replikation). Der iShares Core S&P 500 UCITS ETF (Acc) ist ein sehr großer ETF mit einem Fondsvolumen von mehr als 37 Mrd. Euro. Der ETF ist über 5 Jahre alt und wird in Irland aufgelegt.

DAX

Der deutsche Aktienindex ist der wichtigste und bekannteste Aktienindex hierzulande. Er umfasst die deutschen Unternehmen mit dem höchsten Börsenwert, berechnet mit der Formel: Anzahl der Aktien mal Kurs.

Die erste Veröffentlichung des DAX datiert vom 1. Juli 1988 und zeigte einen Indexstand von 1.163,52 Punkten. Als Erfinder des DAX gilt Frank Mella, damals Redakteur bei der Börsen-Zeitung. Sein Verleger bat ihn eines Tages darum, sich einen Börsenindex für den Finanzplatz Deutschland auszudenken.

So beliebt der DAX bei deutschen Anlegern auch ist, wenn es um die langfristige Geldanlage geht, sollte er, so die Meinung einiger Finanzexperten, nicht die erste Wahl sein. Das Grundproblem des DAX ist, dass die Verlustrisiken auf vergleichsweise wenige Unternehmen verteilt sind. Ein Vergleich zum japanischen Leitindex Nikkei belegt dies deutlich. Hier sind 225 Werte enthalten und damit deutlich mehr als im DAX.

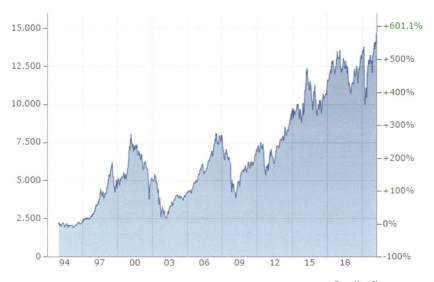

Quelle: finanzen.net

Und so können Sie von der Entwicklung profitieren:

Der Xtrackers DAX UCITS ETF 1C vom Anlageverwalter DWS Investment investiert in deutsche Standardwerte. Auch hier werden die Dividendenerträge im Fonds reinvestiert (thesauriert).

Die Gesamtkostenquote liegt bei 0,09 % p.a.. Die Wertentwicklung des Index wird im Fonds durch den Erwerb der Indexbestandteile nachgebildet (vollständige Replikation). Der Xtrackers DAX UCITS ETF 1C ist ein sehr großer ETF mit einem Fondsvolumen von rund 4 Mrd. Euro. Der ETF ist über 5 Jahre alt und wird in Luxemburg aufgelegt.

ETFs für Zukunftsvisionen

Doch auch in Zukunftsbranchen ist ein gestreutes Investment möglich. Allerdings möchte ich Anfängern davon abraten. Denn nur in eine Entwicklung bzw. eine Branche zu investieren, erhöht das Risiko. Allerdings gibt es diesbezüglich auch einige Chancen, die Sie als Einsteiger aber zunächst verstreichen lassen sollten. Das Risiko, Verluste zu erleiden, ist deutlich höher als bei breit gestreuten – und über alle Branchen hinweg investierten ETFs.

Bereits jetzt sind an den internationalen Wertpapiermärkten einige Megatrends auszumachen, die die Börsianer in den nächsten Monaten beschäftigen und für steigende Kurse in den Depots sorgen werden. Sicherlich können Sie sich noch an den Hype der Cannabis-Aktien erinnern, der einige Zeit andauerte – und dann recht schnell nachließ.

Jetzt sieht es anders aus: Die Welt der Automobile ist seit einiger Zeit im Umbruch. Ausgelöst durch den Dieselskandal, die Diskussion um Abgaswerte und den anhaltenden Klimawandel ist die Verabschiedung von konventionellen Verbrennungsmotoren längst eingeleitet. In zahlreichen Ländern gibt es bereits politisch vorgegebene Zeitvorgaben und Ziele für die Umstellung auf alternative, emissionsfreie Antriebe.

Während sich Elektroautos und Hybridmotoren teilweise etabliert haben, gilt vor allem die Brennstoffzellentechnologie als am aussichtsreichsten für den Verkehr der Zukunft. Um all diese Fahrzeuge mit Wasserstoff versorgen zu können, hat der Ausbau des Wasserstoff-Tankstellennetzes oberste Priorität. Die Erfolgsstory hat somit gerade erst angefangen. Gegenwärtig ist Japan Spitzenreiter in der Wasserstofftechnologie. Hier wird dieses Segment schon seit einigen Jahren vom Staat finanziell gefördert. In naher Zukunft will das Land einige Projekte zum Thema Wasserstoffmobilität verwirklichen. Mit anderen Worten: eine Goldgräberstimmung kommt auf.

Das Thema erneuerbare Energien gewinnt – wie erwähnt – zunehmend an Bedeutung. Die Vision eines mit Wasserstoff betriebenen Fahrzeugs ist längst real – doch das Geschäft mit Wasserstoff bzw. Hydrogen ist noch sehr volatil und ein Investment in Aktien in diesem Segment ist zwar chancenreich, bietet aber u.a. auf Grund der geringen Marktkapitalisierung zahlreiche und kaum überschaubare Risiken.

New Energy UCITS ETF D-EUR

Es gibt die Möglichkeit, ein Produkt auf den World Alternativ Energy Index zu kaufen. Lyxor bietet das Papier New Energy UCITS ETF D-EUR an. Hier sind Aktien von den 20 größten Unternehmen auf dem Gebiet der alternativen Energien enthalten, die ihre Erträge größtenteils mit Energieeffizienz, Energiegewinnung und Dezentralisierung der Energieversorgung erzielen. Auch Unternehmen, die sich mit Wasserstoff beschäftigen, gehören dazu.

Insgesamt bildet der Lyxor New Energy ETF einen enorm zukunftsträchtigen Bereich der Energiewirtschaft ab.

In vielen Ländern der Welt verzeichnen erneuerbare Energien seit Jahren starke Zuwächse. Ferner haben das öffentliche Meinungsbild und die politische Agenda in der Vergangenheit vielerorts eine massive Subventionierung regenerativer Energien begünstigt.

Der ETF ist ausschüttend und zahlt die Dividende halbjährlich aus. Die letzte Ausschüttung belief sich auf 0,32 Euro.

Quelle: finanzen.net

Künstliche Intelligenz

Doch ein zweiter Trend hat längst begonnen: Was vor wenigen Jahren noch undenkbar war, ist inzwischen Realität geworden. So haben künstliche Intelligenz (KI) oder Maschinen-Intelligenz die Science-Fiction-Welt längst verlassen und Einzug in das tägliche Leben Einzug gehalten. Dabei umfasst dieser Bereich ein großes Feld: So unterstützen Algorithmen bei der Auswertung großer Datenbestände, Mustererkennung und sogar der Filmerstellung sowie der Automatisierung vieler Vorgänge.

Systeme, die autonomes Fahren ermöglichen oder Anwendungen, die Kriminalität und Computerviren bekämpfen sollen gehören ebenso dazu wie KI-unterstützte Operationen oder die Steuerung von Investitionen an den Finanzmärkten.

STOXX AI Global Artificial Intelligence ADTV5 Index

Der STOXX AI Global Artificial Intelligence ADTV5 Index enthält genau diese Wachstumswerte – er umfasst Aktien aus dem STOXX Developed and Emerging Total Market Index.

Die ausgewählten Aktien für den Index werden entsprechend der Anzahl an gewährten KI-Patenten ausgewählt. Es werden zwei Maßzahlen berechnet, die für das Engagement eines Unternehmens im Bereich der künstlichen Intelligenz relevant sind:

- AI Intellectual Property Exposure: definiert als die Quote aus der Anzahl von KI-Patenten, die ein Unternehmen innerhalb der letzten drei Jahre erhalten hat und der Gesamtzahl der Patente, die dieses Unternehmen in demselben Zeitraum erhalten hat. Dies gibt einen Hinweis auf die Bedeutung der KI-Forschung und -Anwendungen für die allgemeine Aktivität eines Unternehmens.

- AI Contribution: definiert als die Quote aus der Anzahl von KI-Patenten, die ein Unternehmen innerhalb der letzten drei Jahre erhalten hat und der Gesamtzahl der KI-Patente, die alle Unternehmen im Index-Universum erhalten haben. Dies gibt einen Hinweis auf die Bedeutung der KI-Forschung und -Anwendungen der einzelnen Unternehmen für die allgemeinen KI-bezogenen Aktivitäten von Unternehmen im Index-Universum.

Cloud Computing

Das Internet und der anhaltende Ausbau an Rechenzentren weltweit, der durch die Corona-Krise beschleunigt wurde – ermöglichen das Verlagern von Datenverwaltung und Softwareangeboten in eine virtuelle „Datenwolke" (Cloud Computing).

Dabei geht es nicht nur um Cloud-Speicherdienste oder Online-Office-Software – inzwischen werden sogar komplette Softwarepakete und Plattformen Unternehmen zur Miete angeboten – sondern um Komplettlösungen. Auch die in 2020 vielgenutzten Videokonferenzsysteme gehören zum Repertoire der Cloud-Technologie.

Längst haben sich die Geschäftsmodelle der klassischen IT-Dienstleister (bspw. SAP) zu einem Mietmodell („Software as a Service") entwickelt. Der Vorteil dieser Cloud-Lösungen sollte nicht unterschätzt werden: Die Anwendungen sind länderübergreifend und meist plattformunabhängig jederzeit für alle freigegebenen Nutzer erreichbar und ermöglichen dadurch, dass an einem Projekt 24 Stunden – zeitzonenunabhängig – gearbeitet werden kann.

Selbstverständlich sind auch diese Unternehmen in einem Index gebündelt – sodass Sie auf einen ganzen Strauß dieser Anbieter zurückgreifen können. So wurde der BVP Nasdaq Emerging Cloud Index entwickelt, um die Leistung aufstrebender börsennotierter Unternehmen zu verfolgen, die sich hauptsächlich mit der Bereitstellung von Cloud-Software und -Services für ihre Kunden befassen.

Um als Cloud-Computing-Unternehmen eingestuft und aufgenommen zu werden, muss das Unternehmen folgende Eigenschaften besitzen:

- Ausrichtung auf Cloud Computing: Jedes Unternehmen muss einen Großteil seines Umsatzes durch businessorientierte Softwareprodukte über ein Cloudbereitstellungsmodell auf Abo-, Volumen- oder Transaktionsbasis generieren.

- Attraktives Umsatzwachstum: Neue Indexbestandteile müssen in den vergangenen beiden Geschäftsjahren einen Anstieg von mindestens 15 % verzeichnet haben; bestehende Indexbestandteile müssen in einem der beiden letzten Geschäftsjahre um mindestens 7 % gestiegen sein, um weiterhin in Betracht zu kommen.

- Liquiditätsbeschränkungen: Unternehmen im Index müssen über eine Mindestmarktkapitalisierung von 500 Millionen US-Dollar und im Dreimonatsdurchschnitt über ein tägliches Handelsvolumen von mindestens 5 Millionen US-Dollar verfügen.

Voraussetzung für die Indexaufnahme ist zudem, dass betreffende Unternehmen am Nasdaq Stock Market, der New York Stock Exchange, NYSE American oder der CBOE Exchange notiert sind.

Insgesamt wurden 49 Unternehmen aus USA, Kanada, Australien und Israel durch Bessemer Venture Partners ausgewählt und in den Index aufgenommen. Die einzelnen Titel im Index werden gleich gewichtet und halbjährlich im Februar und August neu gewichtet.

WisdomTree Cloud Computing UCITS ETF – USD Acc

Ein ETF, der diesen Index abbildet, ist der WisdomTree Cloud Computing UCITS ETF – USD Acc. Die erwirtschafteten Erträge werden bei diesem ETF thesauriert. Die Gesamtkostenquote des ETFs beträgt 0,4 %.

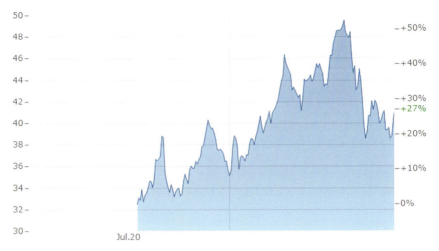

Quelle: finanzen.net

1,5 Millionen Indizes stehen zur Verfügung

Wie erwähnt, gibt es zahlreiche Indexanbieter und mit mehr als 1,5 Millionen Indizes eine große Auswahl zur Geldanlage.

In diesem Kapitel möchte ich Ihnen die stärksten und populärsten Indizes vorstellen, in die Sie mit einem ETF – und da ist es egal, welchen Anbieter Sie nehmen, da die Unterschiede nur marginal sind – investieren können.

Doch bevor ich mit dieser Auflistung anfange, lassen Sie mich zunächst noch etwas Grundsätzliches klären:

Vermögensstrategie in drei Phasen

Die Grundvoraussetzung für jede Finanz- und Vermögensstrategie ist im Vorfeld die Überlegung, wie Ihre individuelle Situation aussieht und danach zu handeln. Ich kann Ihnen hierzu einige Aspekte zeigen, die eine mögliche Grundlage bilden können. Ein junger Familienvater, der nur die spekulative Geldanlage im Blickfeld hat – ohne sich selbst und seine Familie abzusichern, gilt als Spekulant und ein Scheitern ist daher durchaus möglich.

Deshalb sollten Sie sich darüber Gedanken machen, wie Sie Ihr Vermögen aufteilen, bevor Sie loslegen. Sie können Ihre Vermögensstrategie in drei Phasen strukturieren.

Phase 1:

Hier gilt es, sich um die Absicherung bereits vorhandener Vermögenswerte zu kümmern. Hierzu zählt die Absicherung der Arbeitskraft, möglicherweise die Absicherung der Hinterbliebenen, die optimale Krankenversicherung – möglicherweise eine Berufsunfähigkeitsversicherung und anderer Versicherungen. Hier sollte der Grundsatz berücksichtigt werden: „Versichern so wenig wie möglich, aber so viel wie nötig.

Phase 2:

Hier steht die Altersvorsorge im Mittelpunkt. Die Deckung der Versorgungslücke im Alter sollte einen hohen Stellenwert besitzen. Und genau hier kommen (konservative) ETFs ins Spiel.

Phase 3:

Hat man die ersten beiden Phasen „abgearbeitet", so kann man sich den spekulativen Anlageformen zuwenden. Ab jetzt kann auch mit Risiko gearbeitet werden. Neben ETFs bieten sich auch Aktien, Zertifikate und Optionsscheine als Geldanlage an.

In diesem Buch richte ich das Augenmerk aber verstärkt auf Ihre Phase 2 und in Ansätzen auf Phase 3. Mit Aktien, Optionsscheinen und Zertifikaten möchte ich mich nur am Rande beschäftigen. Hierzu gibt es zahlreiche andere Publikationen im GeVestor-Verlag.

KAPITEL 10

AUSWAHL-
MÖGLICHKEITEN

Auswahlmöglichkeiten

Die aufgeführten Beispiele zeigen, dass die Auswahl an ETFs nahezu endlos erscheint. Es gibt für verschiedenste Länder, Regionen, Strategien und Branchen passende Produkte. Es liegt also an Ihnen, die richtige Auswahl zu treffen.

Auswahl nach Anlageklassen

Mit einem ETF sind Sie nicht nur auf Aktien bzw. deren Indizes angewiesen. Es gibt zudem mehrere Anlageklassen, in die Sie investieren können und die sich in Ihrem Depot hervorragend ergänzen. Der Grund hierfür sind die unterschiedlichen wirtschaftlichen Rahmenbedingungen der Branchen und der Länder, in der Ihr ETF investiert. Bei einem ausgewogenen Mix in Ihrem Depot über mehrere Anlageformen wird im Idealfall die schwache Entwicklung einer Anlageklasse zeitweilig durch Gewinne einer anderen ausgeglichen.

Hier eine Auswahl der Anlageklassen, die Ihnen zur Verfügung stehen. Auf Aktien-ETFs und einige Branchen ETFs bin ich bereits eingegangen. Auch für die anderen Anlageklassen führe ich gerne Beispiele auf, um Ihnen das Potential dieser deutlicher vor Augen zu führen:

Aktien-ETFs

Wenn Sie in Deutschland investieren möchten und besonders die Dividenden im Blick haben, eignet sich für ein Investment der iShares DivDAX UCITS ETF (DE). Dieser investiert genau in dieses Segment. Die Dividendenerträge im Fonds werden an die Anleger ausgeschüttet (mindestens jährlich).

Die Gesamtkostenquote liegt bei 0,31 % p.a.. Die Wertentwicklung des Index wird im Fonds durch Erwerb der Indexbestandteile nachgebildet (vollständige Replikation). Der iShares DivDAX UCITS ETF (DE) ist ein großer ETF mit einem Fondsvolumen von mehr als einer halben Milliarde Euro. Der ETF ist über 5 Jahre alt und wird in Deutschland aufgelegt.

Anleihen-ETFs

An dieser Stelle sei der Vanguard USD Emerging Markets Government Bond UCITS ETF Distributing genannt. Dieses Papier investiert in Staatsanleihen mit Fokus auf Emerging Markets, also Schwellenmärkte. Da der

ETF in US-Dollar notiert, besteht hier ein Währungsrisiko. Die Zinserträge (Kupons) im Fonds werden monatlich an die Anleger ausgeschüttet.

Die Gesamtkostenquote liegt bei 0,25 % p.a.. Die Wertentwicklung des Index wird im Fonds durch eine Auswahl der Indexbestandteile nachgebildet (Sampling Verfahren). Der Vanguard USD Emerging Markets Government Bond UCITS ETF Distributing hat ein Fondsvolumen von 452 Mio. Euro. Der ETF ist über 3 Jahre alt und wird in Irland aufgelegt.

Bitcoin-ETFs

Bitcoins halten schon seit Jahren die Börsenwelt in Atem. Heftige Kursschwankungen sorgen für Diskussionen. Der VanEck Vectors Bitcoin ETN investiert in Bitcoin. ETNs, also Exchange Traded Notes sind börsengehandelte Inhaberschuldverschreibungen und daher wie ETCs anzusehen. Die Gesamtkostenquote liegt bei 1,00 % p.a.. Die Wertentwicklung des Index wird durch eine Inhaberschuldverschreibung nachgebildet, die mit physischen Bitcoinbeständen gesichert ist. Der VanEck Vectors Bitcoin ETN hat ein Fondsvolumen von 160 Mio. Euro. Er ist jünger als 1 Jahr und wird in Liechtenstein aufgelegt.

Edelmetall-ETFs

Hier verweise ich gerne auf das Xetra-Gold-Produkt der Deutschen Börse. Ein Xetra-Gold-Anteil entspricht einem Gramm Gold. Die Gesamtkostenquote liegt bei 0,00 % p.a.. Die Wertentwick det, die mit physischen Edelmetallbeständen gesichert ist. Der Xetra-Gold ist ein sehr großer ETC mit 10 Mrd. Euro Volumen. Der ETC ist über 5 Jahre alt und wird in Deutschland aufgelegt. Er hat den Vorteil, dass Sie sich das Gold auch ausliefern lassen können. Das heißt: Wenn Sie in Ihrem Depot 500 Anteile Xetra-Gold haben, können Sie sich 500g Gold ausliefern lassen.

Geldmarkt-ETFs

Der Lyxor Euro Overnight Return UCITS ETF - Acc investiert in Geldmarktinstrumente bzw. sehr kurz laufende Staatsanleihen. Die Gesamtkostenquote liegt bei 0,10 % p.a.. Die Wertentwicklung des Index wird im Fonds synthetisch durch Finanz-Tauschgeschäfte (Swaps) nachgebildet. Der Lyxor Euro Overnight Return UCITS ETF - Acc hat ein Fondsvolumen von 422 Mio. Euro. Der ETF ist über 5 Jahre alt und wird in Frankreich aufgelegt. Auf Grund der andauernden Niedrigzinspolitik ist die Entwicklung dieses ETFs eher negativ.

Immobilien-ETFs

Der iShares Developed Markets Property Yield UCITS ETF investiert weltweit in Real Estate Investment Trusts (REITs). Die Dividendenerträge werden quartalsweise an die Anleger ausgeschüttet. Die Gesamtkostenquote liegt bei 0,59 % p.a.. Die Wertentwicklung des Index wird im Fonds durch Erwerb der Indexbestandteile nachgebildet (vollständige Replikation). Der iShares Developed Markets Property Yield UCITS ETF ist ein sehr großer ETF mit einem Fondsvolumen von rund 1,7 Mrd. Euro.

Multi-Asset-ETFs

Der Xtrackers Portfolio UCITS ETF 1C verfolgt eine weltweite Multi-Asset-Strategie. Hierin sind sowohl Renten als auch Aktien berücksichtigt. Die Dividendenerträge im Fonds werden reinvestiert (thesauriert). Die Gesamtkostenquote liegt bei 0,70 % p.a.. Die Wertentwicklung des Index wird im Fonds durch Erwerb der Indexbestandteile nachgebildet (vollständige Replikation). Der Xtrackers Portfolio UCITS ETF 1C hat ein Fondsvolumen von 440 Mio. Euro. Der ETF ist über 5 Jahre alt und wird in Luxemburg aufgelegt.

Rohstoff-ETFs

Der iShares Diversified Commodity Swap UCITS ETF investiert in einen Rohstoff-Korb, welcher breiten Zugang zu verschiedenen Rohstoffen liefert. Die Gesamtkostenquote liegt bei 0,19 % p.a.. Die Wertentwicklung des Index wird im Fonds synthetisch durch Finanz-Tauschgeschäfte (Swaps) nachgebildet. Der iShares Diversified Commodity Swap UCITS ETF ist der größte ETF in diesem Segment mit einem Fondsvermögen von 1,6 Mrd. Euro. Der ETF ist über 3 Jahre und wird in Irland aufgelegt.

Themen-ETFs

Wie wir bereits festgestellt haben, ist die Auswahl alleine in den Anlageklassen sehr groß. Noch größer wird die Auswahl, wenn man sich die verschiedenen Themen anschaut, zu denen ETFs angeboten werden. Ferner möchte ich Sie nochmals darauf hinweisen, dass bei diesen Themen-ETFs das Risiko Verluste zu erleiden, deutlich höher ist als bei einem breit gestreuten ETF, der über alle Themen hinweg investiert. Sollten Sie aber über Erfahrung verfügen und Anhaltspunkte haben, dass bestimmte Branchen in nächster Zukunft ins Blickfeld der Anleger rücken werden, finden Sie hier einen kleinen Abriss über die verschiedenen Themen eines möglichen ETF-Investments.

Aktienrückkauf

Als Beispiel sei hier der NASDAQ Global Buyback Achievers Index genannt. So enthält der NASDAQ US Buyback Achievers™ Index Unternehmen, die in den letzten zwölf Monaten netto 5 % oder mehr ihrer ausstehenden Aktien zurückgekauft haben. Der NASDAQ International BuyBack Achievers™ Index enthält Nicht-US-Unternehmen, die im vergangenen Geschäftsjahr netto 5 % oder mehr ihrer ausstehenden Aktien zurückgekauft haben.

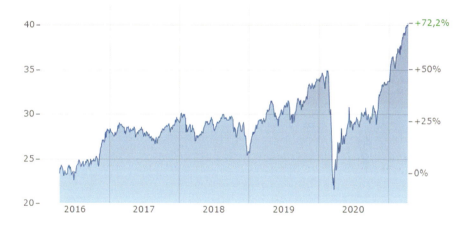

Quelle: finanzen.net

Der Invesco Global Buyback Achievers UCITS ETF Dist (IE00BLSNMW37) bildet die Entwicklung der Nettogesamtrendite des NASDAQ Global Buyback Achievers Index ab. Die Dividenden werden vom Fonds vierteljährlich ausgeschüttet.

Alternde Gesellschaft

Als Basis dient hier der iSTOXX® FactSet Ageing Population Index. Dieser bietet Zugang zu Unternehmen weltweit, die speziell Produkte und Dienstleistungen für die alternde Weltbevölkerung bereitstellen.

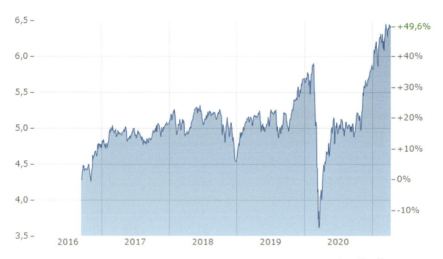

Quelle: finanzen.net

Der iShares Ageing Population UCITS ETF USD (Acc) (ISIN: IE00BYZK4669) bildet diesen Index ab.

Batterietechnik

U.a. gibt es hier den Solactive Battery Value-Chain Index, der darauf abzielt, die Wertentwicklung eines Aktienkorbs von Unternehmen abzubilden, die Anbieter bestimmter elektrochemischer Batterietechnologien sind, sowie von Bergbauunternehmen, die Metalle produzieren, die hauptsächlich für die Herstellung von Batterien verwendet werden.

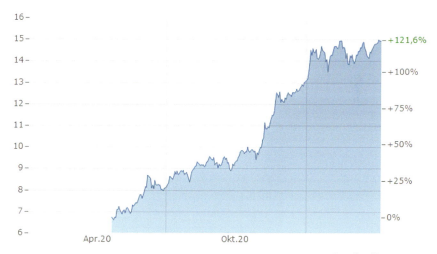

Quelle: finanzen.net

Exemplarisch habe ich Ihnen den L&G Battery Value-Chain UCITS ETF (ISIN: IE00BF0M2Z96) abgebildet, der seit Frühjahr 2020 handelbar ist.

Bildung & Lernen

Der Referenzindex *Foxberry HolonIQ Education Tech & Digital Learning NTR Index* wird in US-Dollar berechnet und bündelt Unternehmen, die in der Entwicklung, dem Vertrieb und der Nutzung digitaler Technologien involviert sind, deren Produkt- und Angebotsportfolio sich auf beispielsweise Lern-, Coaching- oder Weiterbildungsangebote erstreckt.

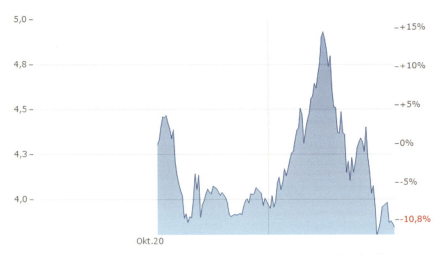

Quelle: finanzen.net

Als Beispiel fungiert hier der Rize Education Tech and Digital Learning UCITS ETF A USD (IE00BLRPQJ54), der im Herbst 2020 aufgelegt wurde.

Biotechnologie

Derzeit gibt es nur einen wirklichen Index, der für Biotech-Unternehmen existiert. Hierbei handelt es sich um den Nasdaq Biotechnology Index. Darin enthalten sind rund 300 Unternehmen.

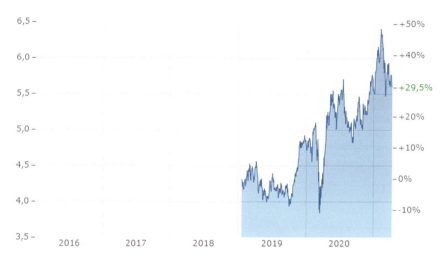

Quelle: finanzen.net

Der seit Anfang 2019 handelbare iShares Nasdaq US Biotechnology UCITS ETF USD (IE00BYXG2H39) investiert beispielsweise in dieses Segment, das durch die Corona-Pandemie einen wahren Boom erlebte.

Blockchain

Hier ist beispielsweise der Elwood Blockchain Global Equity Index zu nennen, der Unternehmen aus Industrie- und Schwellenländern, die am Blockchain-Ökosystem partizipieren oder künftig partizipieren könnten, enthält. Er ist darauf ausgelegt, sich mit dem potenziellen Wachstum der Blockchain-Technologie weiterzuentwickeln.

Quelle: finanzen.net

Seit seiner Auflage im Dezember 2019 kennt der Invesco Elwood Global Blockchain UCITS ETF nahezu nur eine Richtung. Doch die Performance der Vergangenheit bietet keine Garantie dafür, dass sich diese Entwicklung so fortsetzen wird.

E-Sports & Gaming

Der MVIS Global Video Gaming and eSports Index bietet Zugang zu Unternehmen weltweit, die mindestens die Hälfte ihrer Umsätze mit Videospielen, E-Sports oder entsprechender Hard- oder Software erzielen. Die Marktabdeckung liegt bei 95 %.

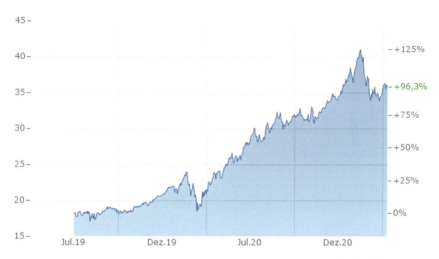

Quelle: finanzen.net

Der VanEck Vectors Video Gaming and eSports UCITS ETF A USD (IE-00BYWQWR46) investiert in diese Sparte, die gerade inmitten der Corona-Pandemie starken Zulauf erfahren hat.

Klimawandel

Zum Klimawandel gibt es derzeit 22 verschiedene Indizes. Exemplarisch sei hier der Low Carbon 100 Europe Index genannt, der 2008 von der Euronext eingeführt wurde und die Wertentwicklung von 100 europäischen Großunternehmen mit der jeweils besten Bewertung in ihrem Sektor abbildet.

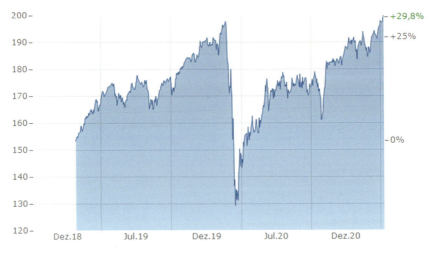

Quelle: finanzen.net

Der BNP Paribas Easy Low Carbon 100 Europe PAB® UCITS ETF (LU1377382368) nimmt sich der Problematik des Klimawandels an und investiert in den o.a. Index.

Wasser

Der S&P Global Water Index misst die Wertentwicklung von 50 der größten, weltweit börsengehandelten Unternehmen mit Geschäftsbereichen in der Wasserbranche, die bestimmten Anforderungen an die Anlagefähigkeit genügen. Der Index soll ein liquides Engagement in den führenden börsennotierten Unternehmen aus entwickelten Ländern wie auch aus Schwellenländern in der Wasserindustrie weltweit bieten.

Quelle: finanzen.net

Hier verweise ich als Beispiel auf den iShares Global Water UCITS ETF USD (IE00B1TXK627).

Doch die Produkt- und Themenpalette von ETFs ist noch umfangreicher. Bevor ich Sie aber mit weiteren Einzelheiten möglicherweise langweile oder verwirre, möchte ich diese an dieser Stelle nur anschneiden.

Nachhaltige ETFs

Für eine nachhaltige Geldanlage steht Ihnen eine ganze Reihe Indizes und ETFs zur Verfügung. Allerdings unterscheiden sie sich in ihrer Ausrichtung teilweise erheblich – eine Überprüfung, welcher ETF diesbezüglich am besten zu Ihnen passt, sollte daher vorgenommen werden. Mir geht es darum, Ihnen die verschiedenen Möglichkeiten aufzuzeigen. Natürlich weiß ich, dass diese ganze Auflistung für Sie, wenn Sie sich gerade mit dem Einstieg in diese Anlageform befassen, sehr umfangreich und verwirrend ist. Nach einiger Erfahrung sollten Sie aber mit meinem Kompass die Möglichkeit haben, zielgerichtet investieren zu können. Und wie erwähnt, richtet sich dieser Kompass nicht nur an Einsteiger, sondern auch an Fortgeschrittene – zu denen Sie sicherlich schon bald gehören können.

Hier ein kurzer Überblick, in welchen Bereichen und ETFs das Thema Nachhaltigkeit anzutreffen ist:

- Erneuerbare Energien
- Mobilität
- Klimawandel
- Wasser

Strategie-ETFs

Strategie-ETFs basieren auf Indizes, die Unternehmen nach anderen Kriterien selektieren als nach ihrem Gewicht am Markt. Hierzu zählen möglicherweise fundamentale Kennziffern wie Dividendenrendite und Unternehmensgröße. Im Folgenden eine verkürzte Übersicht über ETFs in diesem Bereich:

- Dividenden-ETFs
- Fundamental/Quality-ETFs
- Growth-ETFs
- IPO-ETFs
- Large Cap-ETFs

- Low Volatility/Risk Weighted-ETFs
- Mid Cap-ETFs
- Private Equity-ETFs
- Small Cap-ETFs
- Value-ETFs
- Volatilität-ETFs

Branchen-ETFs

Die großen Index-Anbieter teilen die börsennotierten Aktiengesellschaften in Branchen ein. Dies gilt natürlich auch für ETFs. Hier eine Auswahl der Branchen, aus der Sie Ihren ETF auswählen können:

- Agribusiness-ETFs
- Automobil-ETFs
- Basiskonsumgüter-ETFs
- Einzelhandel-ETFs
- Energie-ETFs
- Finanzdienstleistungen-ETFs
- Gesundheitswesen-ETFs
- Industrie-ETFs
- Infrastruktur-ETFs
- Medien-ETFs
- Technologie-ETFs
- Telekommunikation-ETFs
- Versicherung-ETFs
- Versorger-ETFs

Regionen-ETFs

Mit Regionen-ETFs können Sie breit diversifiziert und gezielt in bestimmte Wirtschaftsregionen investieren. Hier finden Sie eine Übersicht der möglichen Anlageregionen:

- Afrika-ETFs
- Asien-Pazifik-ETFs
- Emerging Markets-ETFs
- Europa-ETFs
- Lateinamerika-ETFs
- Nordamerika-ETFs
- Osteuropa-ETFs
- Welt-ETFs

Länder-ETF

Wenig überraschend – nicht nur in Regionen, sondern auch in verschiedene Länder können Sie mit Ihren ETF investieren. Die Bandbreite ist groß und reicht von Industrienationen bis zu Schwellenländern – wie beispielsweise Indonesien, den Philippinen und Pakistan.

Anleihen-ETFs

Der Markt für Anleihen ist noch breiter gefächert als der Aktienmarkt. Von den sicheren und daher als konservativ bezeichneten Staatsanleihen bis zu hochriskanten Unternehmensanleihen ist alles dabei. Auch hier ein kurzer Überblick:

- Inflationsgeschützte Anleihen-ETFs
- Pfandbriefe-ETFs
- Staatsanleihen-ETFs
- Unternehmensanleihen-ETFs
- Wandelanleihen-ETFs

Rohstoff-ETFs und -ETCs

Wie der Name schon sagt, können Sie mit diesem Papier in einen ganzen Strauß von Rohstoffen per ETC investieren:

- Alle Rohstoff-ETFs
- Edelmetallkorb
- Gold
- Goldminen-Unternehmen
- Öl- & Gas-Unternehmen
- Palladium
- Platin
- Rohstoffkorb
- Rohstoffkorb ohne Agrar
- Silber

KAPITEL 11

RICHTIGE ANLAGE

Richtige Anlage

Nach diesen ganzen theoretischen Grundlagen widme ich mich jetzt wieder Ihnen. Nachdem Sie erfahren haben, wie Sie ETFs handeln können, welche Banken oder Broker zur Auswahl stehen und welche unterschiedlichen Produkte es gibt, liegt es an Ihnen, das für Sie ideale Portfolio zu erstellen. Doch auch hier möchte ich Sie nicht alleine lassen – sondern zeige Ihnen anhand von Beispielrechnungen Alternativen auf.

Kommen wir als erstes zu einem monatlichen Sparplan.

Sparplan

ETF-Sparpläne eignen sich für jedermann und sind perfekt, um seinen Vermögensaufbau langfristig zu gestalten. Da sich je nach Art und Höhe der Geldanlage auch das Gebührenmodell zwischen ETF-Sparplanausführung und Einmalanlage ändert, empfehlen wir Ihnen bei Sparplänen mit geringen Sparraten von 25 bis 100 Euro pro Ausführung zunächst einmal einen Blick auf Ihre Bank und deren Ausführungsgebühren.

ETF Sparpläne sind eine der besten und günstigsten Möglichkeiten, in kleinen Schritten ein Vermögen aufzubauen. Deshalb hat die Stiftung Warentest die Idee eines ETF Sparplans als „Königsweg des Fondssparens" bezeichnet.

Kurzfristige Anlage

Sollten Sie einen monatlichen Sparplan anlegen und Sie benötigen Ihr angelegtes Geld kurzfristig, so sollte die Sicherheit im Vordergrund stehen. Aus diesem Grund eignen sich Anleihen- bzw. Renten-ETFs. Wollen Sie aber auch gewisse Risiken in Kauf nehmen, so kann auch gerne auf anhaltend boomende Branchen-ETFs zurückgegriffen werden. Hierzu gehören Produkte aus Biotechnologie, künstliche Intelligenz usw.

in den vergangenen drei Jahren konnte sich der Nasdaq US Biotechnology Index beispielsweise um durchschnittlich 7 % jährlich verbessern. insgesamt würde so nach drei Jahren ein Fünftel an Gewinn erwirtschaftet werden.

Hier die Entwicklung des US Biotechnology Index in den letzten Jahren:

Quelle: finanzen.net

Langfristige Anlage

Wenn Ihr Geld auf lange Sicht angelegt werden soll, so ist dies der klassische Fall für einen ETF-Sparplan auf Aktienindizes. Denkbar wäre hier ein Investment in den deutschen Leitindex DAX oder – um das Risiko breiter zu streuen - in den MSCI World Index. Wie erwähnt, sind hier die wichtigsten Unternehmen aus aller Welt aus den unterschiedlichsten Branchen gelistet. Damit werden Risiko und Kapital auf mehr als 1.600 Aktien verteilt.

Bei einer monatlichen Sparrate von 100 € und einer Laufzeit von 18 Jahren würden Sie insgesamt 21.600 € einzahlen. Nimmt man die Performance der letzten Jahre als Grundlage, so würde sich Ihr Kapitaleinsatz in den nächsten 18 Jahren mit über 45.000 Euro mehr als verdoppeln.

Grafisch sieht diese Erfolgsgeschichte so aus:

Quelle: finanzen.net

Einmalige Anlage

Doch nicht nur mit einer Geldanlage in einem Sparplan kann man von der Entwicklung eines ETFs profitieren – selbstverständlich können Sie auch das entsprechende Papier einmalig kaufen. Börsianer bezeichnen dies als Einmalanlage.

Über den Zeitpunkt der Investition brauchen sich aus handelstechnischen Gründen keine Gedanken zu machen – die Papiere sind ja börsentäglich handelbar. Schwieriger ist es, den richtigen Einstieg zu finden. Glauben Sie mir, dass es keinem Anleger gelingt, ein Wertpapier zum niedrigsten Kurs zu kaufen und zum höchsten Kurs zu verkaufen. Mit anderen Worten – die Erwartung, den optimalen Einstiegs- oder Verkaufszeitpunkt zu erwischen, können Sie getrost aufgeben. Es ist aber durchaus möglich und auch unter Umständen empfehlenswert, dass Sie nicht alle Fondsanteile auf einmal kaufen. Teilen Sie die Käufe über mehrere Tage auf. Das verringert das Risiko, zum höchsten Kurs eingestiegen zu sein.

Bei einer Einmalanlage sollte zudem das Ziel eines langfristigen Investments verfolgt werden. Da ETFs schwanken, besteht das Risiko, dass Sie bei einem kurzfristigen Investment gerade eine schwächere Börsenphase erwischt haben und mit Verlust aus dem Handel gehen.

Einen deutlichen Unterschied zwischen der Einmalanlage und dem Sparplan bildet der Zinseszinseffekt. Soll Geld für die Altersvorsorge angespart werden, so punktet die Einmalanlage. Eine Beispielrechnung verdeutlicht dies eindrucksvoll: Legen Sie einmalig 10.000 Euro in einen Aktien-ETF (ich unterstelle eine Rendite von realistischen 8 %) hat sich dieser Einsatz nach 30 Jahren verzehnfacht. Diese 10.000 Euro als Sparplan (d.h. jeden Monat werden über 30 Jahre hinweg 27,78 Euro eingezahlt) ergeben am Ende der Laufzeit lediglich eine Vervierfachung des eingesetzten Kapitals.

Am Ende möchte ich Ihnen noch einen wichtigen Hinweis geben: Auch wenn Sie mit einem ETF Ihre Geldanlage breit streuen, um das Risiko von Kursverlusten zu minimieren, sollten Sie darauf achten, dass der Basisindex, auf dem der ETF liegt, ebenfalls breit gestreut ist. Gerne gebe ich Ihnen ein Beispiel: Sie investieren Ihr Geld langfristig nur in Kryptowährungen – entsprechende Indizes gibt es und die Performance war in den letzten Monaten sehr erfreulich. Wenn jetzt aber diese Branche einen Einbruch erlebt, werden all diese Indexwerte unter Druck geraten. Dann hilft es Ihnen auch nicht, dass Sie das Risiko auf viele Unternehmen aufgeteilt haben.

Aus diesem Grund rate ich Ihnen, am Anfang Ihr Kapital so breit wie möglich zu streuen – das heißt, über viele Anlageregionen und Branchen hinweg. Und da eignet sich der MSCI World am besten. Hier bekommen Sie eine sehr gute Streuung Ihrer Anlage in mehr als 1.600 Aktien aus 23 entwickelten Ländern. Zudem machen die zehn Top-Positionen nur etwa 10 % der Zusammensetzung aus.

KAPITEL 12

KRITISCHE STIMMEN

Kritische Stimmen

Die hohen Summen, die in einigen Schwergewichten und ganz generell in der ETF-Branche stecken, rufen indes Kritiker auf den Plan. Und dies aus gutem Grund: Die Marktmacht von ETFs wird zunehmend zur Gefahr. Gerade ihre Passivität sorge dafür, dass das Herdenverhalten der Anleger zunehme und Markttrends verstärke. Die Anti-Monopol-Vereinigung American Economic Liberties Project (AELP) kam zu dem Ergebnis, dass die Marktmacht und der Einfluss der großen ETF-Anbieter zu einer Bedrohung für Anleger und die Wirtschaft als Ganzes geworden ist.

Auch wenn der schnelle Handel sämtlicher Titel eines Index durch einen ETF ein Vorteil ist, ist hier eine negative Überraschung möglich. So kam es in den vergangenen Jahren in den USA vereinzelt dazu, dass an Tagen mit starken Schwankungen am Aktienmarkt zahlreiche Stop-Loss-Marken bei ETFs rissen und dies den Kursverfall beschleunigte. Vor allem Großinvestoren nutzen vorher festgelegte Kursmarken, um ihre ETF-Anteile automatisch zu veräußern. Und dies bevor die Indizes unter wichtige Schwellen rutschen. Diese Verkäufe verschärfen den Abwärtstrend, was zu hohen Tagesschwankungen führen kann. Aber – und das kann Sie als Anleger beruhigen – diese Abschläge gehören schnell der Vergangenheit an. Denn auf der anderen Seite können ETFs auch schnell zu überdurchschnittlichen Kurszuwächsen führen, wenn bestimmte psychologische Hürden in Angriff genommen werden.

KAPITEL 13

NACH DEM INVESTIEREN – ABWARTEN

Nach dem Investieren – abwarten

So, wenn Sie jetzt die Ideen umgesetzt haben, einen Broker gefunden und erfolgreich in ETFs investiert haben – herzlichen Glückwunsch! Sie haben es geschafft. Und wenn Sie ein eher klassischer Anleger sind und für Ihre Altersvorsorge Ihr Geld angelegt haben, dann beginnt jetzt für Sie eine entspannte Zeit. Sie können sich zurücklehnen und müssen in den nächsten Jahren nichts tun. Selbst für den Fall, dass die Kurse gerade kurz nach Beginn fallen sollten, befolgen Sie die erste Bürgerpflicht: Ruhe bewahren. Und falls es zu einem Crash kommt, am besten nicht ins Depot schauen und ebenfalls Ruhe bewahren - Durchhaltevermögen zahlt sich an der Börse aus. Und Sie werden später von diesem Crash bei der Performance auf mehrere Jahre gerechnet, nichts merken. Das verspreche ich Ihnen.

KAPITEL 14

ZUSAMMENFASSUNG

Zusammenfassung

Sicherlich haben Sie sich beim Lesen zwischenzeitlich gefragt, warum ETFs – wenn Sie doch so erfolgreich ist – kaum bekannt sind. Dies ist schnell erklärt: Viele Finanzberater sind am Vertrieb dieser Produkte kaum interessiert. Gerade bei provisionsorientierten Finanzberatern und Filialbanken, die in der Regel von Provisionen leben, wirft diese Anlage nichts ab. Es gibt diese Provisionen bei ETFs nämlich nicht. Aus diesem Grund freue ich mich, Ihnen diese Anlageform näher gebracht zu haben.

Und glauben Sie mir – vielen Privatanlegern sind ETFs noch gänzlich unbekannt – auch wenn diese Zahl spürbar abnimmt, wie ich Ihnen gleich noch zeigen werde. Profis hingegen nutzen diese Produktpalette schon seit Jahren. Bei Großanlegern wie Pensionskassen und Versicherungen sind ETFs ein fester Bestandteil der Portfolios. Ich rechne fest damit, dass ihre Bekanntheit und die Anlagesummen in den nächsten Jahren weiter kräftig steigen werden und freue mich daher, Ihnen schon jetzt das Rüstzeug für Ihren Einstieg gegeben zu haben.

Insgesamt erfreuen sich ETFs bei Privatanlegern einer wachsenden Beliebtheit. Das ETF-Anlagevolumen von Privatanlegern in Deutschland stieg seit 2011 um mehr als 500 %. Die aktuellen Zahlen auf einen Blick:

- Über 2.033.502 ETF-Sparpläne werden derzeit in Deutschland ausgeführt
- 177,31 EUR beträgt die durchschnittliche Sparplanrate pro Monat
- Für 3.825,85 Mio. EUR wurden ETFs von Privatanlegern gehandelt
- 3.971 EUR betrug die durchschnittliche Ordergröße

Sie sehen, mit einem Investment in einem ETF gehören Sie zu einer wachsenden Gemeinschaft der ETF-Anleger, wie die Fakten eindrucksvoll beweisen.

KAPITEL 15

DANKSAGUNG

Danksagung

An erster Stelle möchte ich mich bei Ihnen, liebe Leser dafür bedanken, dass Sie dieses Buch gelesen haben und ich gehe davon aus, Ihnen einen Baustein für eine gute Performance im Depot und einen Beitrag Ihrer Alterssicherung gegeben zu haben. Zudem hoffe ich, Sie mit meinen Zeilen nicht enttäuscht zu haben und dass ich mein Versprechen, Sie an dieses Thema erfolgreich und unterhaltsam herangeführt zu haben, halten konnte – auch wenn der Bereich Themen, Länder und Regionen ETFs sicherlich recht ausführlich dargestellt wurde und dennoch nur einen kleinen Einblick ermöglichte.

Dann möchte ich mich bei meiner Frau Alex – meiner Muse - bedanken, die mich bei der Erstellung des Buches jederzeit unterstützt und inspiriert hat sowie mich mitunter entbehren musste, weil ich „mal eben" eine Idee und Gedanken auf Papier bringen wollte, was dann doch etwas länger dauerte.

Meinen Eltern gebührt ebenfalls herzlichen Dank – von denen ich meine Art zu schreiben gelernt habe und die mich mit viel (Fach-)Literatur versorgt haben, so dass ich das Thema ETF von verschiedenen Aspekten beleuchten konnte.

Besonderen Dank gilt dem Team des GeVestor-Verlages, die mir den Traum meines ersten Buches hiermit erfüllt haben. Nur durch die Unterstützung von Delia Delvos und Sissi Schneider-Feuser konnte das Buch das werden, was es ist. Ein ideales Werk, damit Sie für die Investition in ETFs gerüstet sind.

Und schließlich gilt mein Dank auch Ida – den Rhodesian Ridgeback Hund in unserer Familie. Sie trug maßgeblichen Anteil daran, dass ich zwischendurch an die frische Luft konnte, neue Gedanken und Überlegungen anstellen konnte und mit den Spaziergängen den Kopf frei bekam und nicht in der Buchstabenwüste unterging.

DANKE, auch an alle die, die ich jetzt möglicherweise vergessen habe, aufzuführen.

KAPITEL 16

ÜBER DEN AUTOR

Uli Jörg Lotter

Über den Autor

Uli Jörg Lotter, Jahrgang 1969, beschäftigte sich schon als Schüler mit dem Geschehen an der Börse. Schon in den „großen Pausen" seiner Schulzeit hörte er Wirtschaftsberichte und legte sein Taschengeld an der Börse an.

Heute ist Uli Jörg Lotter freier Finanzjournalist. Dabei hält er Vorträge über Geldanlage und arbeitet für diverse Finanzkommunikationsunternehmen. Unter anderem ist er als Experte für Gesundheits- und Ernährungsaktien beim GeVestor-Börsendienst „Mohaupts Medizin-Premium-Depot" tätig.

KAPITEL 17

ÜBER DEN VERLAG

Über den Verlag

Der GeVestor-Verlag gibt zahlreiche Finanzpublikationen heraus, die in mehrfacher Hinsicht einzigartig in der Branche sind. Das betrifft sowohl den Inhalt und den Erfolg der Anlageempfehlungen wie auch die exklusiven Serviceleistungen.

Als Anleger haben Sie eine große Auswahl an verschiedenen Anlagestrategien – von Value orientierten Ansätzen, über Nebenwerte- und Derivate-Strategien bis hin zu technisch orientierten Ansätzen. Sie können jeden Börsendienst risikolostesten, um die passendsten für Ihre persönliche Anlagestrategie zu finden.

Egal für welche Börsendienste Sie sich entscheiden – Sie können immer sicher sein, dass alle Börsendienste höchste Qualitätsstandards erfüllen müssen.

Denn es ist erklärtes Ziel des GeVestor-Verlages, dass Sie allen Investment-Empfehlungen uneingeschränkt zu 100 Prozent vertrauen können und Ihre Geldanlagen in höchstem Maße erfolgreich sind!

NOTIZEN

NOTIZEN

NOTIZEN

NOTIZEN

NOTIZEN

Bibliografische Information der Deutschen Bibliothek
Die Deutsche Bibliothek verzeichnet diese
Publikation in der Deutschen Nationalbibliografie;
detaillierte bibliografische Daten sind im Internet
über http://dnb.ddb.de abrufbar

Impressum

© 2021 by GeVestor Financial Publishing Group
Theodor-Heuss-Straße 2–4 · 53177 Bonn
Telefon +49 228 8205-180 · Telefax +49 228 3696010
info@gevestor.de · www.gevestor.de

Verfasser: Uli Lotter
Satz: Tobias Glos Agentur
Umschlagbild: Tobias Glos Agentur

Herstellung: Eberhard Reinecke
Druck: Beltz GmbH, Bad Langensalza
ISBN-Nummer: 978-3-8125-3798-8

GeVestor ist ein Unternehmensbereich
der Verlag für die Deutsche Wirtschaft AG
Vorstand: Richard Rentrop
USt.-ID: DE 812639372
Amtsgericht Bonn, HRB 8165

© Verlag für die Deutsche Wirtschaft AG
Alle Rechte vorbehalten. Nachdruck, Weitergabe und
sonstige Reproduktionen nur mit Genehmigung des Verlags.

Haftungsausschluss
Unsere Informationen basieren auf Quellen, die wir für
zuverlässig erachten. Eine Haftung für die Verbindlichkeit und
Richtigkeit der Angaben kann allerdings nicht übernommen werden.